Das Goldene Buch von
AMSTERDAM

220 farbige Illustrationen

* * *

© Copyright 1996 by
Casa Editrice Bonechi
Via Cairoli 18/b, Florenz - Italien
Telex 571323 CEB - Fax (55)5000766

Alle Rechte vorbehalten.
Jeglicher Nachdruck, auch auszugsweise, ist untersagt.

Die Umschlaggestaltung und das Layout dieses Buches
stammen von Grafikern des Verlagshauses Casa Editrice Bonechi
und sind daher durch das internationale Copyright geschützt.

ISBN 88-7009-604-1

Übersetzung: Studio COMUNICARE, Florenz

Gedruckt in Italien von
CENTRO STAMPA EDITORIALE BONECHI
Florenz

Fotos stammen aus dem Archiv der
Casa Editrice Bonechi und sind von:
Ronald Glaudemans, Joop ten Veen, Paolo Giambone,
Andrea Pistolesi, Marco Banti.

Die Fotos auf S. 10 (unten) wurden von der Stichting
Koninklijk Paleis Amsterdam zur Verfügung gestellt.

Die Fotos auf S. 70, 71, 72, 74, 75 wurden von der
Rijksmuseum-Stichting Amsterdam zur Verfügung gestellt.

Die Fotos auf S. 78, 79, 80, 81, 82 wurden von Photo
Service - Gruppo Editoriale Fabbri zur
Verfügung gestellt.

Die Fotos auf S. 5 (Lemcke), S. 51 (unten)
(H. van den Leeden) und S. 109 (G. Vetten) wurden vom
Nederlands Bureau voor Toerisme zur Verfügung gestellt.

Die malerischen Häuser am Oudezijds Voorburgwal.

GESCHICHTE DER STADT AMSTERDAM

Über die vorgeschichtliche und römische Zeit der Stadt Amsterdam ist uns praktisch nichts bekannt: wir müssen bis ins Mittelalter vorstoßen, um den Namen dieser Stadt zum erstenmal offiziell in einem Dokument erwähnt zu finden. Dennoch gibt es mündliche Überlieferungen über die Gründung der Stadt, die besagen, daß zwei Fischer, die sich mit einem Hund in ihrem Boot befanden, von einem Unwetter überrascht wurden. Sie erlitten Schiffbruch und errichteten eine Hütte in den Sümpfen, und zwar dort, wo der Fluß Amstel in die Zuider Zee mündet, auf einer Art Sandbank, Ij genannt. Dieses Gebiet also, wo sich später auch die Verwandten dieser Fischer ansiedelten, wurde zum ersten Stadtkern von Amsterdam. Sie bauten ihre Stadt genau an der Mündung der Amstel, und errichteten hier einen Deich, einen «dam», um ihre Häuser vor den unruhigen Fluten des Flusses zu schützen: daher der Name der Stadt Amstelledamme, was später zu Amsterdam wurde. Mit ihrem alten Namen finden wir die Stadt zum erstenmal in einem Dokument vom 27. Oktober 1275 erwähnt; in diesem Dokument räumt ein Feudalherr, Graf Floris V. der Niederlande, der Gemeinde, den «homines manentes apud Amstelledamme» Steuererlaß und freies Handelsrecht ein. Amstelledamme wuchs dann an den beiden Ufern der Amstel weiter, und so gewöhnte man sich schon seit frühester Zeit daran, auf dem Wasser zu leben und die eigenen Lebensbedingungen von diesem Wasser abhängig zu wissen. In den folgenden Jahrhunderten verwandelten die glückliche geographische Lage der Stadt und die harte Arbeit seiner Einwohner die einfache Fischersiedlung zu einem bedeutenden Handelszentrum - vor allem dank des immer bedeutender werdenden Hafens, von dem die Schiffe zu den Häfen der Ostsee und des Mittelmeeres ausliefen. Im frühen 17. Jahrhundert nahm diese Entwicklung außerordentliche Formen an. Mit dem durch die Spanier bewirkten Fall der großen Rivalin Antwerpen wurde Amsterdam praktisch zur «Herrin der Meere», und so

Phantasievolle Wasserspiegelungen auf einem Kanal.

begann für Holland das zu Recht so bezeichnete «Goldene Zeitalter». Die den Verfolgungen der Inquisition entflohenen Hugenotten wurden in den Niederlanden gastfreundlich aufgenommen, konnten hier ihre philosophischen und politischen Werke veröffentlichen und ihre Religion frei ausüben; damit leisteten sie einen bedeutenden kulturellen und ideologischen Beitrag zur weltbeherrschenden Rolle Amsterdams. Es war die Zeit des Großhandels mit Tee, Kakao, Tabak, Diamanten (in Amsterdam gab es die erfahrensten Diamantenschleifer), Kaffee, Gummi, Gewürzen. Es war die Zeit der Entstehung der großen Handelsgesellschaften für den Verkehr mit Ost- und Westindien; und es war die Zeit, in der man die drei großen, langen und konzentrischen Kanäle aushob, an deren Ufern dann die prachtvollen Wohnhäuser der Adelsfamilien Hollands entstanden. In jener Zeit ist der Handelsherr Träger der Geschichte der Stadt: er war es, der lange Reihen von hohen schmalen Häusern erbauen ließ, da die Steuern auf Immobilien je nach der Breite, die das Gebäude einnahm, berechnet wurden. Die Rolle Amsterdams als Großmacht konnte jedoch nicht von langer Dauer sein. Das nahegelegene England, das sich emsig um die Vorherrschaft auf den Meeren bemühte, ging schnell dazu über, leichtere und schnellere Schiffe zu bauen: während seine - und gleichzeitig Frankreichs - Macht wuchs, wurde Amsterdam langsam in seiner Macht zurückgedrängt. Im Jahre 1795 wurde Holland von dem nahegelegenen revolutionären Frankreich erobert, zusammen mit holländischen Patrioten wurde die Republik von Batava gegründet, und der König, Wilhelm V. aus dem Hause Oranienburg, floh nach England. Die Zeit der Republik war kurz bemessen, da das Land im Jahre 1806 bereits unter die Herrschaft Napoleon Bonapartes fiel. Im Jahre 1813 war Amsterdam die erste Stadt in Holland, die sich gegen die französische Fremdherrschaft auflehnte, und die sich an die Spitze der Bewegung stellte, aus der später ein unabhängiges Reich hervorgehen sollte. Die langen Jahre, in denen es Amsterdam und ganz Holland gelungen war, die Neutralität zu wahren, wurden im Jahre 1940 ausgelöscht, als Hitlers Truppen in Holland einmarschierten. Fünf Jahre später war Amsterdam wieder eine freie Stadt. Die Jahrhunderte der Vorherrschaft Amsterdams auf den Meeren haben Spuren hinterlassen, die nicht ausgelöscht werden konnten. Die Kanäle, die Paläste, die Brücken, die schönen Häuser, die wir heute in der Altstadt von Amsterdam bewundern, entstanden in jenem berühmten Goldenen Zeitalter, im 17. Jahrhundert, und die Bewohner dieser Stadt waren klug genug, zu verhindern, das sie verloren gingen.

Luftaufnahme des Dam.

DER DAM

Er ist der berühmteste Platz Hollands. Genau an dieser Stelle entstand um das Jahr 1270 herum das Fischerdorf, aus dem die Stadt Amsterdam hervorging. Er ist das ideale Zentrum der Stadt, auch wenn er nicht mehr deren geographisches und administratives Herz darstellt. Die ganzen Sechzigerjahre hindurch war er Treffpunkt für die Hippies und Provos ganz Europas.
Auch heute noch wimmelt der Platz tagsüber von Jugendlichen und Leuten aus der ganzen Welt. Sie sitzen meist auf den weißen Stufen des Nationaldenkmals, einem inzwischen schon fast zur Geschichte gewordenen Treffpunkt.
Durch den Dam hat die Stadt ihren Namen erhalten. An dieser Stelle errichteten die Waterländer den Damm, der die Amstel vom IJ, einem großen Arm der Zuiderzee, trennte. Die Waterländer suchten neues, fruchtbares Land, das ihnen auch Schutz bieten konnte. Sie landeten an den sandigen Ufern der Amstelmündung und errichteten diesen ersten Damm, der ein Zeichen für ihr schnelles Glück werden sollte, um sich gegen das Meer und die häufigen Überschwemmungen des Flusses zu schützen. In kurzer Zeit entwickelte sich der Dam zu dem Ort, wo sich die ganze Gemeinde zu Versammlungen und allen wichtigen Ereignissen traf. Diese Angewohnheit haben sich die Bewohner Amsterdams bis heute erhalten. Im Mittelalter lag der Dam direkt am Meer. Von dort aus konnten die Schiffe direkt zur Nordsee auslaufen. Heute ist der letzte Teil der Amstel verschwunden, ihr Bett umgeleitet. Die Mündung wurde aufgeschüttet und zwar an der Stelle, wo heute die beiden großen Verkehrsadern Damrak und Rokin den Dam in der Mitte durchschneiden.

DE BIJENKO

GRAND
ASNAPOLSKY
WAFELEN
CAFE ZWART
RESTAURANT

DAS FREIHEITSDENKMAL

Der mächtige weiße, mit allegorischen Figuren geschmückte Obelisk stammt aus dem Jahre 1956, von J. Rädecker - er soll zur ständigen Erinnerung an die im letzten Weltkrieg gefallenen Niederländer dienen. Das Denkmal birgt 12 Urnen, in denen sich jeweils eine Handvoll Erde aus den 11 Provinzen Hollands befindet, sowie eine aus Indonesien. Wir finden hier ein ausgezeichnetes Beispiel für den außergewöhnlichen Freiheitssinn und für die Toleranz dieses Volkes, das sich nicht im geringsten über die zahlreiche und bunte Menge junger Leute erregt, welche die Stufen des Denkmals zu ihrem ständigen Treffpunkt erkoren haben.

Einige Ansichten des weißen Obelisks, der in der Mitte des Dams an die Gefallenen im Zweiten Weltkrieg erinnern soll.

KÖNIGLICHER PALAST

Der Bau, ein großartgiges Beispiel des niederländischen Klassizismus, entstand im Jahre 1655 nach einem Entwurf des Jacob van Campen. Er ruht auf 13.699 Pfählen, die nötig waren, um den sumpfigen Grund zu befestigen. Früher stand hier das Rathaus, das jedoch bei einem Brand verloren ging. Später, im Jahre 1808, beherbergte der Palast auch den Bruder Napoleons, Louis Bonaparte, der schon zwei Jahre später abdankte. Den Blick des Betrachters fesselt vor allem die strenge Einfachheit der Fassade, deren vier Geschosse von einem Giebel gekrönt werden, auf dem sich Skulpturen von Artus Quellijn d. Jüngeren, einem Künstler aus Antwerpen befinden. Diese stellen die Stadt Amsterdam dar, der Neptun und andere mythologische Figuren wie Nymphen une Tritone um ihres Reichtums und ihrer Macht willen huldigen. Ein oktogonaler Turm und eine Kuppel schließen das harmonische Äußere des Palastes nach oben ab. So einfach der Palast von außen scheint, so prunkvoll erweist sich das Innere: mit der Ausschmückung der Räume wurden so große Künstler wie Govert Flinck und Ferdinand Bol beauftragt.

Die eindrucksvolle Fassade des Königlichen Palasts.

Der Giebel von Artus Quellijn, der den mittleren Teil des Königlichen Palasts bekrönt.

Eines der Flachreliefs, die den Gerichtssaal im Königlichen Palast schmücken.

Der Bürgersaal im Königlichen Palast.

Die Nieuwe Kerk, die nach dem Brand von 1452 im spätgotischen Stil wiederaufgebaut wurde.

NIEUWE KERK

Bei dem furchtbaren Brand, der im Jahre 1452 zwei Drittel der Stadt Amsterdam in Asche legte, fing auch diese einfache Kirche im Schatten des Königlichen Palastes Feuer. Die Einwohner von Amsterdam bauten ihre Kirche wieder in ihrer ursprünglichen Form auf. Es ist eine große spätgotische, dreischiffige Basilika mit Querschiff, Chor und vierzehn Seitenkapellen. Das Hauptschiff deckt ein einfaches Sparrendach aus Holz. Fünfundsiebzig mit Bogen versehene Fenster erhellen den Raum. Die größte Sehenswürdigkeit dieser Kirche ist jedoch die hölzerne Kanzel, ein Meisterwerk des Barock von Albert Vinckenbrick, der daran mehr als 13 Jahre arbeitete, um es endlich im Jahre 1649 zu vollenden: an den Ecken die vier Evangelisten, auf den Tafeln die sieben Werke der Gerechtigkeit. Im Chor finden sich viele Grabmäler berühmter Niederländer, darunter auch das des großen holländischen Barockdichters Joost van den Vondel, sowie ein großes Grabdenkmal für den Admiral De Ruyter, ein Werk von Rombout Verhulst. Hier werden seit der Zeit Wilhelms I. von Oranien die niederländischen Könige gekrönt.

DAMRAK

Der Damrak, eine der Hauptstrassen Amsterdams, die direkt zum Bahnhof führt, ist eine Einkaufsstraße, randvoll mit Geschäften, Antiquitätenläden, Boutiquen und Pubs. Bemerkenswert sind das Sexmuseum (Nr. 26) und die sehr gut ausgestattete englische Bücherei (die Allert de Lange, Nr. 64).

Auf der linken Seite des Damrak sticht ein langes Backsteingebäude hervor. Dieses plumpe aber imposante Bauwerk, das zwischen 1898 und 1903 entstand, ist einer der Handelstempel Amsterdams: die Börse, Sie wurde von Hendrick Petrus Barlage, einem Schüler Cuijpers erbaut und seinerzeit zu den Meisterwerken der modernen Architektur gerechnet.

Einige Ansichten des sehr belebten Dam, von dem die breite Verkehrsader des Damrak ausgeht.

Eine Ansicht des Damrak mit der Börse.

Der Platz des Hauptbahnhofs, den Cuypers im Stil der Renaissance gestaltete.

Die Kirche des Hl. Nikolaus aus dem 19. Jh.

HAUPTBAHNHOF

Er wurde im Jahre 1889 auf einer künstlichen Insel errichtet und ist ein typisches Beispiel für jenen monumentalen Klassizismus, der als «holländische Renaissance» bekannt ist. Der Architekt Cuypers, der auch das Rijksmuseum erbaute, schuf die mächtige Fassade mit zwei Türmen.

NIKOLAUS-KIRCHE

Vor dem großen Gebäude des Hauptbahnhofs erhebt sich eine der zahllosen Kirchen von Amsterdam: die Nikolauskirche. Sie wurde im Jahre 1875 erbaut, und im Jahre 1887 wurde sie als katholische Kirche eingeweiht. Zu Ehren des Heiligen, des Schutzpatron der Kinder, der jungen Mädchen, der Kaufleute und Fischer, findet hier jeden dritten Sonnabend im November ein hübsches Volksfest statt: «Sinterklaas», das Nikolausfest.

Der Oudezijds Voorburgwal, in dessen Hintergrund sich die Kuppel der Nikolaus-Kirche abzeichnet.

Ein Blick auf die Oude Kerk.

OUDEZIJDS VOORBURGWAL

Diese Straße, mit gleichnamigem Kanal lädt zu Spaziergängen im "Venedig des Norden" ein. In dem Kanal, den es bereits seit dem Mittelalter gibt, spiegeln sich die Fassaden von einigen der typischsten Häusern der Stadt, mit im Hintergrund, der Kuppel der Sankt Nikolaus Kirche.

OUDE KERK

Die älteste protestantische Kirche Amsterdams war ursprünglich dem Heiligen Nikolaus geweiht, dem Schutzpatron der Seeleute und der Stadt Amsterdam selbst. Neuere Grabungen haben erwiesen, daß an der Stelle der Oude Kerk bis zum XIII. Jahrhundert schon eine kleine Kirche gestanden hat. Die gotische Kirche wurde 1306 eingeweiht. Die niedrigen Häuser ringsum beherrscht der mächtige Bau der Oude Kerk; er überragt sie alle und erscheint dadurch in seinen Formen noch gewaltiger. Der Glockenturm trägt ein Glockenspiel aus 47 Glokken; vierzehn wurden im Jahre 1658 von dem berühmten Glockengießer François Hemony gegossen. Den Turm (mit einer Höhe von 68 m) krönt ein mächtiger spitzer Giebel aus Holz. Den Bau entwarf Joost Janszoon Bilhamer im Jahre 1566. Das Innere, das im Gegensatz zur Außenarchitektur viele Schäden, Umbauten und Restaurierungen erlitt, ist dreischiffig. Das Hauptschiff, das auf zweiundvierzig zylin-

drischen Pfeilern ruht, ist mit einem hölzernen Sparrendach gedeckt. Das Innere, aus dem im Lauf der Zeit die achtunddreißig, sicherlich sehr reich verzierten Altäre verschwunden sind, welche die Oude Kerk vielleicht noch prunkvoller erscheinen ließen, zeigt auch heute noch Spuren der alten Pracht. Aus der Renaissancezeit sind in der Kapelle Unserer Lieben Frau noch drei schöne Glasfenster von Pieter Aertszoon aus dem Jahre 1555 erhalten. Sie zeigen den *Tod der Jungfrau*, die *Anbetung* und die *Verkündigung der Hirten*. Hier sind viele berühmte Niederländer beigesetzt wie z.B. Rembrandts Frau, Saskia von Uylenburgh, der Maler Carel van Mander, der Organist Jan Pieterszoon und der Seefahrer Kilaen van Rensselaer, einer der Gründer von Nieuw Amsterdam, dem späteren New York.

AMSTELKRING MUSEUM

Ons' lieve Heer op Solder oder auch: dem lieben Gott des Getreidespeichers. Es ist die einzige noch erhaltene katholische Kapelle von den 60 heimlichen Kirchen der kalvinistischen Epoche. Heute ist in diesem typisch holländischen Haus, das auf einen der schönsten Kanäle Amsterdams zeigt, ein kleines Museum eingerichtet. Es waren dunkle Zeiten für die Stadt: die Toleranz wurde dem protestantischen Integralismus geopfert. Die Reform triumphierte, und die Katholiken waren gezwungen, ihre Zeremonien an versteckten Orten durchzuführen, meist in geheimen, hinter unauffälligen Fassaden verborgenen Kirchen. Die Kapelle des Haus Nr. 40

Zwei Fenster in der Kapelle unserer lieben Frau (die "Verkündigung" und der "Tod der Jungfrau").

Die Kapelle des guten Herrn des Getreidespeichers.

Eine Ansicht des Oudezijds Voorburgwal mit der Oude Kerk.

Einige charakteristische Häuser am Oudezijds Voorburgwal; besonders heben sich die Nr. 14, 19 und 187 ab, die alle aus dem 17. Jh. stammen.

wurde auch «Hirschkirche» genannt, nach dem Zunamen des Stifters. Ein aufgeklärter Kaufmann Jan Hartmann, ließ sie zwischen 1661 und 1663 bauen. In Wirklichkeit handelte es sich um zwei kleine Häser am Kanal, aber auf dem Dachboden richtete Hartmann eine Kirche ein, ein Zeichen der Toleranz in einem *Holland*, das eine düstere Zeit der Unterdrückung erlebte.

CHARAKTERISTISCHE HÄUSER AM OUDEZIJDS VOORBURGWAL

An dieser wunderschönen Straße liegen viele typisch holländische Wohnhäuser. Besonderes Interesse verdient das Haus Nr. 14 aus dem frühen 17. Jahrhundert. Es ist ein Haus mit einem sogenannten "Stufendach" sowie vielen Fenstern mit schönen Fensterläden zur Straßenseite hin, so, als wollten seine Bewohner möglichst viel Sonne und Licht in ihre Zimmer einlassen. Diese Zimmer waren nüchtern, enthielten nur wenige Möbel und einen nackten Fußboden - alles machte einen sehr einfachen Eindruck. Von der blühenden Phantasie und starken Einfallskraft seines Erbauers zeugt das Haus Nr. 19 in der gleichen Straße: auf dem Stein oben können wir lesen, daß es im Jahre 1556 entstand.

Zwei große Delphine umrahmen den Barockgiebel oben am Haus. Sie werden von Tauen gehalten, die aus vielen Muscheln bestehen. Auch hier wieder eine Erinnerung an das Meer, an seine Symbole, die sich in Amsterdam immer wieder in allen künstlerischen Formen finden. Ebenfalls im Oudezijds Voorburgwal, im Haus Nr. 187 noch ein Beispiel für einen holländischen Barockgiebel.
Dieses Wohnhaus aus dem Jahre 1663 gehörte einem Kaufmann und wird zu Recht "das Haus mit der Pfeilerfassade" genannt: die untere Reihe ist im dorischen Stil, die zweite im jonischen und die beiden oberen im korinthischen Stil. Alle Pfeiler sind aus Backstein. Ganz oben sind die Figuren zweier nackter Männer zu sehen, eines Indianers und eines Negers, die sich müde auf Warenstapel stützen -es sind Seile und Tabakrollen. Eine Schriftrolle in der Mitte versteckt den Arm des Flaschenzuges, mit dem die Waren zum Lager hochgezogen wurden; der Zugang zu diesem Warenlager befand sich unten, sodaß Lager und Privatwohnung des Kaufmanns sich im gleichen Haus befanden. Früchtegirlanden, Schriftrollen, Lünetten zum Einlassen des Lichts gehören zur üppigen Dekoration der Fassade. So nüchtern und einfach der untere Teil des Gebäudes anmutet, umso reicher ist der obere Teil ausgeschmückt.

Noch ein eindrucksvoller Blick auf den Kanal.

STADSBANK VAN LENING

Diese Gebäude an der Ecke Oudezijds Voorburgwal und Enge Lombardsteeg dienten bis zum Jahre 1550 (wie auf einer Inschrift am Eingang zu lesen ist) als Torflager. Im Jahre 1614 wurde hier ein Büro für die Gemeindeanleihen gegründet, bis im Jahre 1616 Hendrick de Keyser die Gebäude zum Sitz der Stadsbank van Lening umgestaltete. Das Viertel, in dem diese Gebäude liegen, wimmelt von Leuten und ist sehr pittoresk durch die Nähe der kleinen Märkte - ein ungewöhnliches Theater, wie geschaffen für die wortreichen Komödien des Gerbrand Adrienszoon Bredero.

HAUS DER DREI KANÄLE

An der Stelle, wo der Oudezijds Voorburgwal und der Oudezijds Achterburgwal zusammenfließen, kommen wir an eine besonders malerische Stelle Amsterdams: zwei kurz aufeinanderfolgende Brücken, die die langen Querkanäle des Zentrums und den Grimburgwal schneiden. Ein prächtiges Haus, in dem sich heute ein Bücherantiquariat befindet, ist das Schmuckstück dieses Paradieses das "Haus der drei Kanäle", das Scharnier zwischen den Wassern, die sich hier kreuzen.

Die Stadsbank Van Lening am Oudezijds.

Das Haus der drei Kanäle.

UNIVERSITÄT

Links von dem «Haus der drei Kanäle» öffnet sich ein Bogen. Es ist der frühere Eingang zu einem Heim für alte Männer, dem Oudemanhuispoort, das heute Sitz der Amsterdamer Universität ist. Aber dieser alte Durchgang, der zu einem anderen Kanal, dem Kloveniersburgwal führt, ist auch für seinen täglichen Büchermarkt berühmt. Alte Herren thronen hier hinter von der Zeit abgenutzten Verkaufstischen. Die gesamte Galerie, durch die man den Innenhof der Universität erreicht, ist ihr und ihrer Bücher Reich. Hier finden sich auch echte Seltenheiten und antike Editionen.
Der schöne Innenhof, der an die Galerie der Buchhändler anschließt, war einst der Hof des im Jahre 1601 eingerichteten Heimes.
Die Universität von Amsterdam wurde 1632 gegründet. Es war der Historiker Gerardus Johannes Vossius, der am 8. Januar jenes Jahres die Eröffnungsvorlesung dieser Hochschule hielt, die es sich zu einer ihrer Hauptaufgaben gemacht hatte, eine Bresche in den triumphierenden Kalvinismus zu schlagen und die Freiheit zu verteidigen.
1840 zog die Universität in das alte Hospiz um, in dessen schönem Innenhof die *Statue von Vossius*, des ersten Professoren der Amsterdamer Universität, aufgestellt wurde.

Das Denkmal des Professor Gerardus Johannes Vossius im Hof der Universität.

Der Innenhof der Universität, der 1632 entstand.

Eine charakteristische Ecke des Grimburgwal.

ROKIN

Auf der Rokin, einer der Hauptstraßen der Stadt, mit alten verwitterten Fassaden, wurde vor einiger Zeit ein Reiterdenkmal der jungen Königin Wilhelmina aufgestellt. Diese Königin war bei den Niederländern besonders beliebt. Sie bestieg im Jahre 1890 in sehr jugendlichem Alter den Thron und wußte der Welt ein Bild von einem lebendigen, geordneten toleranten Holland zu vermitteln. Als Hitlers Truppen in Holland einmarschierten, ließ diese Königin nie nach, ihr Volk zum Widerstand aufzurufen, besonders, nachdem sie mit ihrer Regierung nach London ins Exil gegangen war. Nachdem Wilhelmina mehr als ein halbes Jahrhundert regiert hatte, überließ sie im Jahre 1948 den Thron ihrer Tochter Juliana. Am Ende des II. Weltkrieges ließ Wilhelmina zu Ehren des Widerstandes und des Freiheitswillens, den sie immer wieder, auch in den dunkelsten Jahren, im holländischen Volk wachgerufen hatte, dem Wappen der Stadt das folgende Motto hinzufügen: «Die Stadt des Heldenmuts, der Entschlossenheit und der Großmut».

Das Reiterstandbild der Königin Wilhelmina am Rokin.

Eine typische Ecke des Rokin.

Zwei Ansichten des breiten Rokin mit den vertäuten Booten für Rundfahrten.

PIERSON MUSEUM
P. KOOY
Heineken
Reederij P. Kooy
RONDVAART VANAF ROKIN

MUNTPLEIN

Auf dem Muntplein, der eher ein großer Fleck zwischen dem Singel und der Amstel als ein richtiger Platz ist, fällt der Munttoren, der Münzturm auf. Es ist ein barocker Torturm, von dem Architekten Hendrick de Kayser an der Stelle errichtet, an der einst eines der ältesten Stadttore Amsterdams, der Regulierspoort, stand. Als das Heer Ludwigs XIV. 1672 in Holland einfiel, beschloß die holländische Regierung, die staatliche Münzpresse von Utrecht, das von den Franzosen besetzt war, nach Amsterdam zu bringen, wo sie eben in jenem Turm aufbewahrt wurde, der auch Teil des umfangreichen Verteidigungssystems der Stadt war. Der Munttoren wurde duch einen der zahlreichen Brände Amsterdams zerstört. Es blieb nichts als ein

Der Munttoren oder Münztor (1620), der auf dem Muntplein steht.

Tulpenzwiebeln werden auf dem Markt verkauft.

plumper Stumpf, auf dem dann ein kleines Türmchen errichtet wurde, das noch heute aus dem Verkehrsgewühl des Muntplein hervorguckt. Heute beherbergt der Munttoren eines der besten Geschäfte für Delfter Keramik, das De Proceleyne Fles, das einzige in Amsterdam, in dem es möglich ist, jedes einzelne Stück der großen Produktion der Delfter Fabrik zu finden.

DER BLUMENMARKT

Ein reiner Blumenmarkt, jeden Tag (außer Sonntag) geöffnet, der eine ganze Seite des Singel einnimmt. Es ist ein Blumenbazar, lebhaft und bunt, wo man neben den unvermeidlichen Tulpen auch sonst alles finden kann, von exotischen Bananenstauden über Yuccas, Kokospalmen und Papyrusstauden bis zu Bonsaibäumchen.

Einige Bilder des Bloemen Markts, der farbenfrohe Blumenmarkt am Singel.

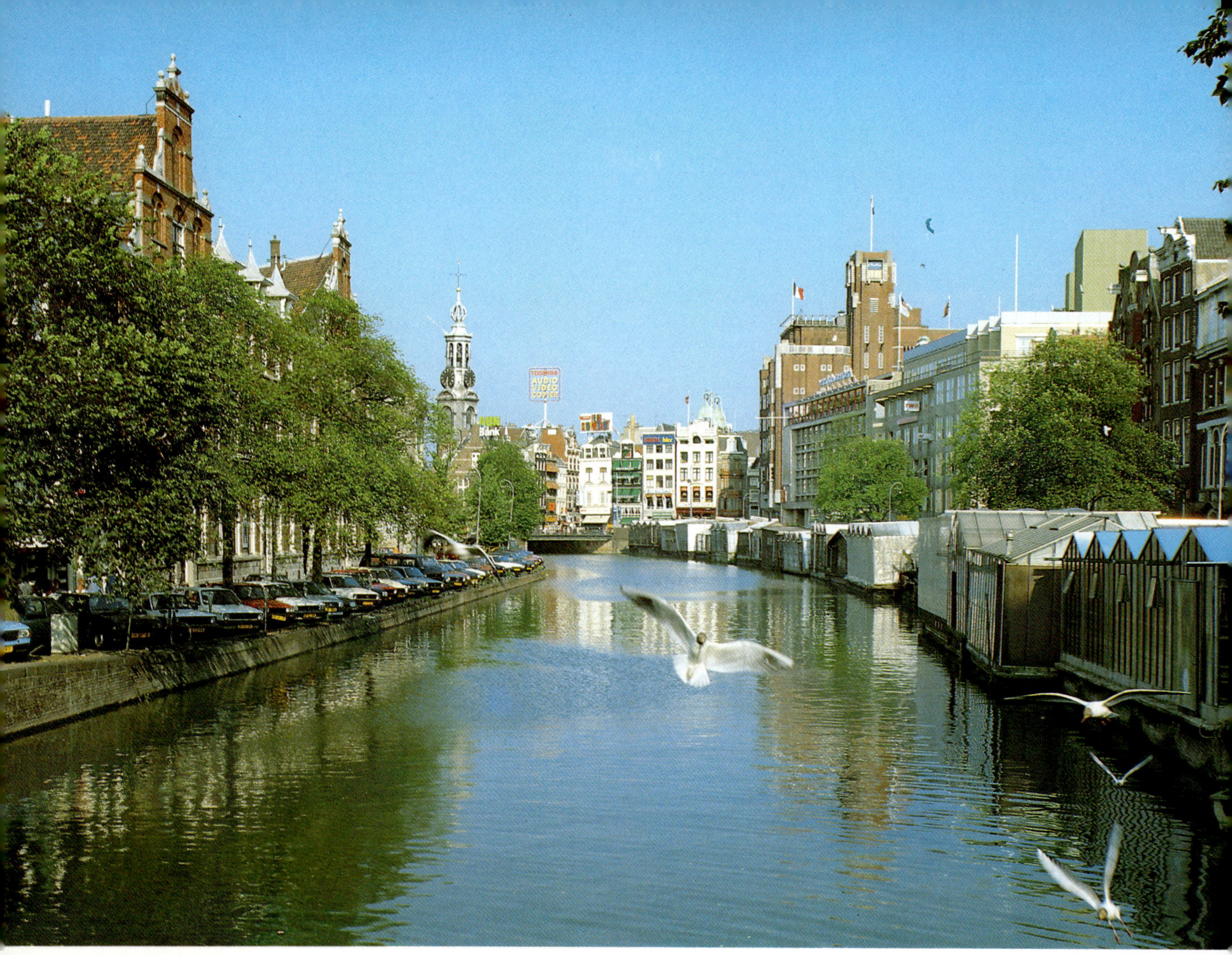

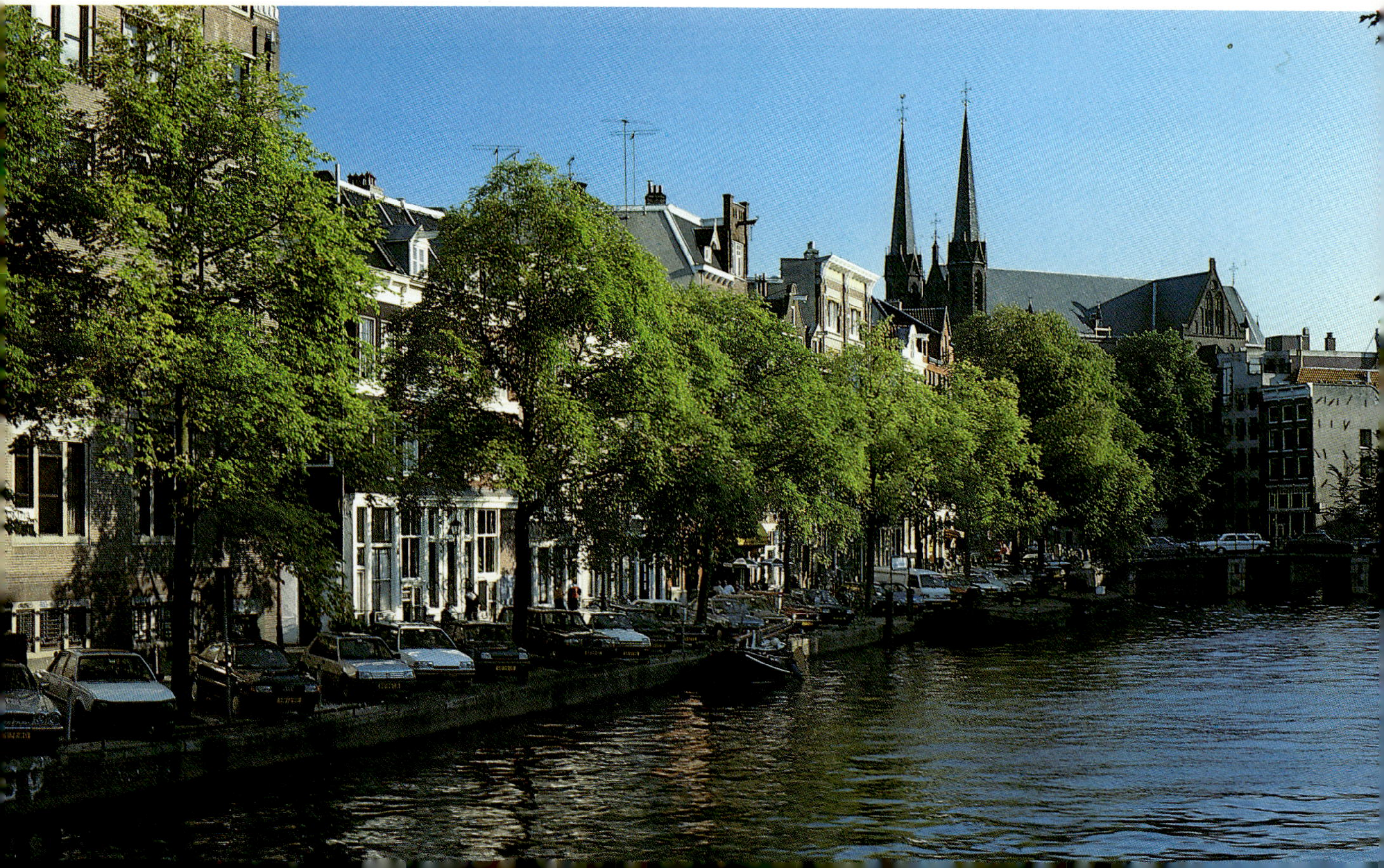

Zwei Ansichten des Singels. *Die Universitätsbibliothek.*

DER SINGEL

Er ist der innerste Kanal Amsterdams, der engste Kreis im Halbmond der Kanäle. Sein Name bedeutet Ring, Gürtel und er war die Grenze des mittelalterlichen Stadtkerns, der um den Dam herum entstand und sich in Richtung Walletjes ausbreitete.

Der Singel war vor 1600 nichts anderes als ein Festungsgraben, der die Stadtmauer (die sich auf der Seite befand, wo man heute die Häuser mit den ungeraden Nummern findet) von den Gärten und Wiesen der unmittelbaren Umgebung trennte. Als die Stadt den Graben überschritt, verlor die Stadtmauer jede Bedeutung, und die Häuser begannen sich entlang des Ufers des Singel zu erheben.

UNIVERSITÄTS-BUCHHANDLUNG

Dieses klassizistische Bauwerk mit strengen Formen trägt als Krönung das Wappen der Stadt Amsterdam. Es besteht aus drei St. Andreas-Kreuzen, zwei sich aufrichtenden Löwen und der Krone des Kaisers Maximilian von Österreich. Die Verbreitung der niederländischen Literatur ist durch die Schwierigkeiten dieser Sprache gering. Die Holländer lernen viele Fremdsprachen und können viele Texte in ihrer Originalfassung lesen; die niederländischen Werke dagegen finden ihre Leser höchstens bis Flandern in Belgien. Auch sind leider nicht viele davon übersetzt. Die ersten Zeugnisse niederländischer Literatur finden sich gegen das 14. Jh., als die niederländische Mundart unter den verschiedenen flämischen Sprachströmungen an Raum gewann. Mit dem Aufsteigen Hollands zur Führungsmacht gegen die Spanier und Österreicher wuchs der Nationalismus, und die Sprache fand festen Boden. Die erste niederländische Grammatik, herausgegeben von Hendrik Spiegel, erschien um 1600, und wenige Jahre später schuf der Dichter Vondel mit seinen Werken eine poetische Grundlage der Sprache.

RONDE LUTHERSE KERK

Was an dieser Kirche beeindruckt ist ohne Zweifel ihre 45 m hohe Kupferkuppel. Sie überragt mit ihrer stattlichen Größe die niederen Häuser des ehemaligen Viertels der Heringshändler. Ein Brand zerstörte sie im Jahre 1822. Sie wurde wieder aufgebaut, aber ihre Zeit war vorbei: das Viertel entvölkerte sich langsam und die Kirche zerfiel allmählich. Nach einer bewegten Geschichte ist sie Heute ein Tagungs - und Kongresszentrum.

HAUS DER GOLDENEN UND SILBERNEN SPIEGEL

Im Schatten der Kuppel der lutherischen Kirche liegt dieses seltsame Haus der «Gouden en de Sjilveren Spiegel». In Wirklichkeit handelt es sich nicht um ein, sondern um zwei absolut gleiche Häuser, die aus dem Jahre 1614 stammen und eine überraschend vollendete Symmetrie und Harmonie aufweisen. In den Sandstein der Vordertreppe wurden kleine Spiegelstückchen einge-

Zwei Bilder der Kupfeskuppel (Höhe: 45 m) der ehemaligen lutherischen Kirche, die heute ein Tagungs- und Kongresszentrum ist. Zuerst die "Häuser der vergoldeten und versilberten Spiegel" (1614) am Singel.

Das kleinste Haus der Stadt, die Nr. 7 am Singel.

Ein Blick auf die Herengracht, bekannt für die prächtigen Giebel seiner über 400 Häuser.

Auf den folgenden Seiten: weitere Ansichten der Herengracht, der schönsten Wohnstraße der Stadt.

setzt, die bei jeder Veränderung des Lichteinfalls glänzen und glitzern. Nr. 7 ist eines der kuriosesten Häuser der Stadt, nicht viel breiter als eine Tür und damit das schmalste. Ein echter Rekord und ein geschickter Trick, hohe Steuern zu vermeiden. Tatsächlich wurden die Steuern auf das Haus nach dem Raum, den sie an der Straße oder an den Kanälen einnahmen, berechnet. Deshalb bemühten sich die Eigentümer, in die Höhe statt in die Breite zu bauen.

HERENGRACHT

Die Herengracht entstand wie die Keizersgracht und die Prinsengracht im Jahre 1612. als man sich dazu entschloß, eine Reihe konzentrischer Kanäle auszuheben, die das Zentrum der Stadt einschlossen. In der Herengracht mit ihren sanftgeschwungenen Kurven spiegeln sich die Patrizierhäuser der reichsten Familien Amsterdams, die sich hier niederließen.

Die reichsten und aufgeklärtesten Kaufleute ließen sich an dieser Gracht nieder und wetteiferten darin, das schönste, größte und erhabenste Haus zu bauen. An diesem Kanal gibt es die eindrucksvollsten Häuserfronten, auserlesene Wappen und die gewagtesten Giebel. Über 400 Häuser der Herengracht stehen unter Denkmalschutz. Zum großen Teil zu kostspielig für Privatleute, werden sie von Banken und Büros benutzt.

Die charakteristischen Warenlager, die in Wohnungen verwandelt wurden der Nummern 37-39 und 43-45 am Kanal.

Das Haus Nr. 274 ist mit einer aufwendigen Balustrade im Rokokostil verziert.

Das eindrucksvolle Haus Bartolotti, das auf das frühe 16. Jh. zurückgeht.

CHARAKTERISTISCHE HÄUSER AN DER HERENGRACHT

Das Haus Nr. 170/72 ist das sogenannte Bartolotti-Haus. Der Backsteinbau wurde im Jahre 1615, wahrscheinlich nach einem Entwurf Pieter de Keysers für den Bierbrauer Willem van den Heuvel erbaut, der später der Chef der Bank Bartolotti wurde und selbst den Namen Bartolotti annahm. Der wunderschöne Kontrast zwischen dem warmen Ziegelrot und dem Weiß der Lisenen und Friese spiegelt sich sehr wirkungsvoll und unvergeßlich in den Wassern des Kanals.

Das Haus Nr. 274 zeigt dagegen, mit welcher Leichtigkeit die Künstler von Amsterdam die Lehrbeispiele anderer Länder zu adaptieren wußten. Der herrliche, üppige Barock, der hier fast schon ins Rokoko übergeht, wurde sehr schnell an anderen Giebeln von Wohnhäusern nachgeahmt.

RENOVATA
A° MCMLXXI

Zwischen der Nr. 338 und der Nr. 370 finden sich einige der schönsten Häuser der Herengracht, die zwischen 1650 und 1725 erbaut wurden. Die Nr. 336 beherbergt das Bibelmuseum.

Die Nr. 475 ist ein Juwel der Herengracht und wird als das schönste Haus des Kanals bezeichnet. Zwischen 1668 und 1672 von dem reichen Händler Denys Nuyts gebaut. Es ist ein großes Haus mit fünf Fenstern pro Stockwerk. Im Jahre 1731 ließ die Witwe eines reichen Stoffhändlers, Petronella van Lenep de Neufville, einige wichtige Änderungen am Haus durchführen. Sie ließ die Hausfront von Daniel Marot gestalten, während der Bildhauer Ignatius van Logteren zwei weibliche Figuren für die beiden Seiten des Hauptfensters schuf.

Schließlich soll noch das Haus Nr. 605 erwähnt werden, das den Willet-Holthuysen gehörte und im Jahre 1895 in ein Museum umgewandelt wurde. Es vermittelt uns ein seltenes Beispiel an guterhaltenen und wunderbar gelungenen Bauformen.

Blick auf die Herengracht.

Weitere typische Bürgerhäuser an der Herengracht; darunter das des Kaufmanns Denys Nuyts (Nr. 475), unten links und das, in dem das Museum Willet-Holthuysen untergebracht ist (Nr. 605) rechts unten.

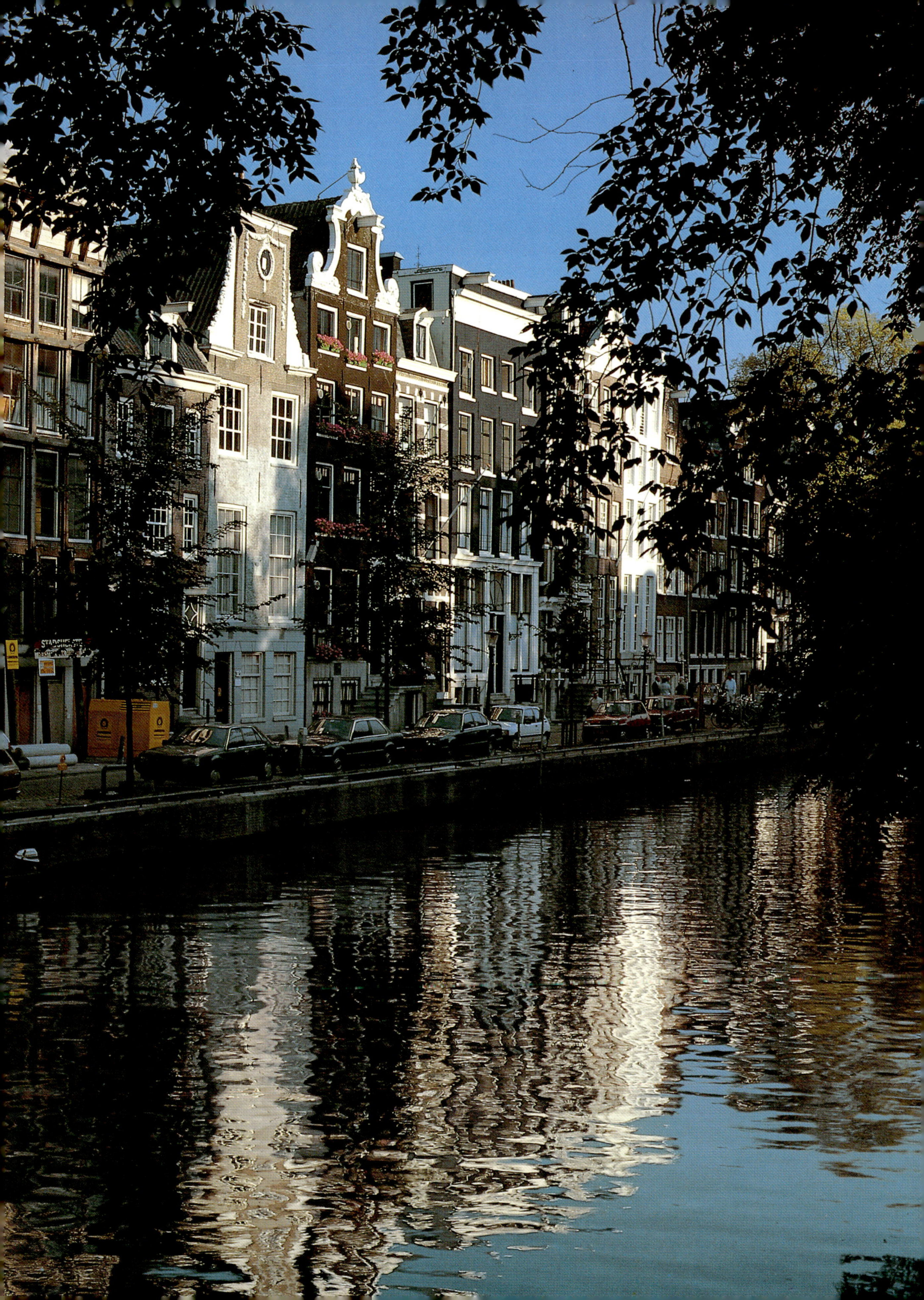

Die Keizersgracht oder der Kanal des Kaisers.

Das bekannte Haus der Köpfe an der Nr. 123 der Keizersgracht.

DIE KEIZERSGRACHT

Der «Kanal des Kaisers» verdankt seinen Namen Maximilian I., dem Herrscher des Heiligen Römischen Reiches. Die Keizersgracht verbindet die Amstel auf der Höhe der berühmten hölzernen Zugbrücke, der Mageren Brug, mit der Brouwersgracht. Die Häuser sind nicht so überwältigend wie die der parallelen Herengracht, aber entfalten einen dauerhaften Zauber durch einige wertvolle Schätze. Der interessanteste Abschnitt des Kanals verläuft zwischen dem Westermarkt, dem Platz der Westerkerk, und der Vijzelstraat. Im vergangenen Jahrhundert war es Sitte, am Sonntag nach dem Kirchgang in Sonntagskleidern an diesem Teil des Kanals spazierenzugehen.

CHARAKTERISTISCHE HÄUSER AN DER KEIZERSGRACHT

Wenn man ganz ohne Ziel durch Amsterdam schlendert und sich von seinen Schritten leiten läßt, entdeckt man oft wunderschöne und für diese Stadt so charakteristische Winkel. Sie bieten sich ganz unverhofft unseren Blicken dar und sind von einfacher, aber großer poetischer Schönheit. Hier z.B. der Zusammenfluß der Keizersgracht mit der Reguliersgracht: zwei alte Brücken liegen dicht beieinander, die Gewässer der beiden Kanäle fließen ineinander.

Das Haus Nr. 123, ein Werk Pieter de Keysers aus dem Jahre 1622, verkörpert rein den niederländischen Renaissance-Stil. Im Jahre 1634 wurde das Haus von Louis de Geer bewohnt; dieses war ein "Industriekapitän". Er war berühmt für seine guten Handelsbeziehungen mit Schweden, besonders auf dem Gebiet des Eisenhandels, wo er praktisch das Monopol innehatte. Auch der tschechische Gelehrte Comenius wohnte für einige Zeit in diesem Haus, wie uns eine steinerne Inschrift an der Fassade verkündet. Bei der Bevölkerung von Amsterdam ist das Haus allgemein als das "Huis met de Hoofden" bekannt, das heißt "Das Haus mit den Köpfen", da viele römische Portraitbüsten den Giebel des Hauses zieren. Diese sind oft als die Götter der Antike interpretiert worden, aber eine

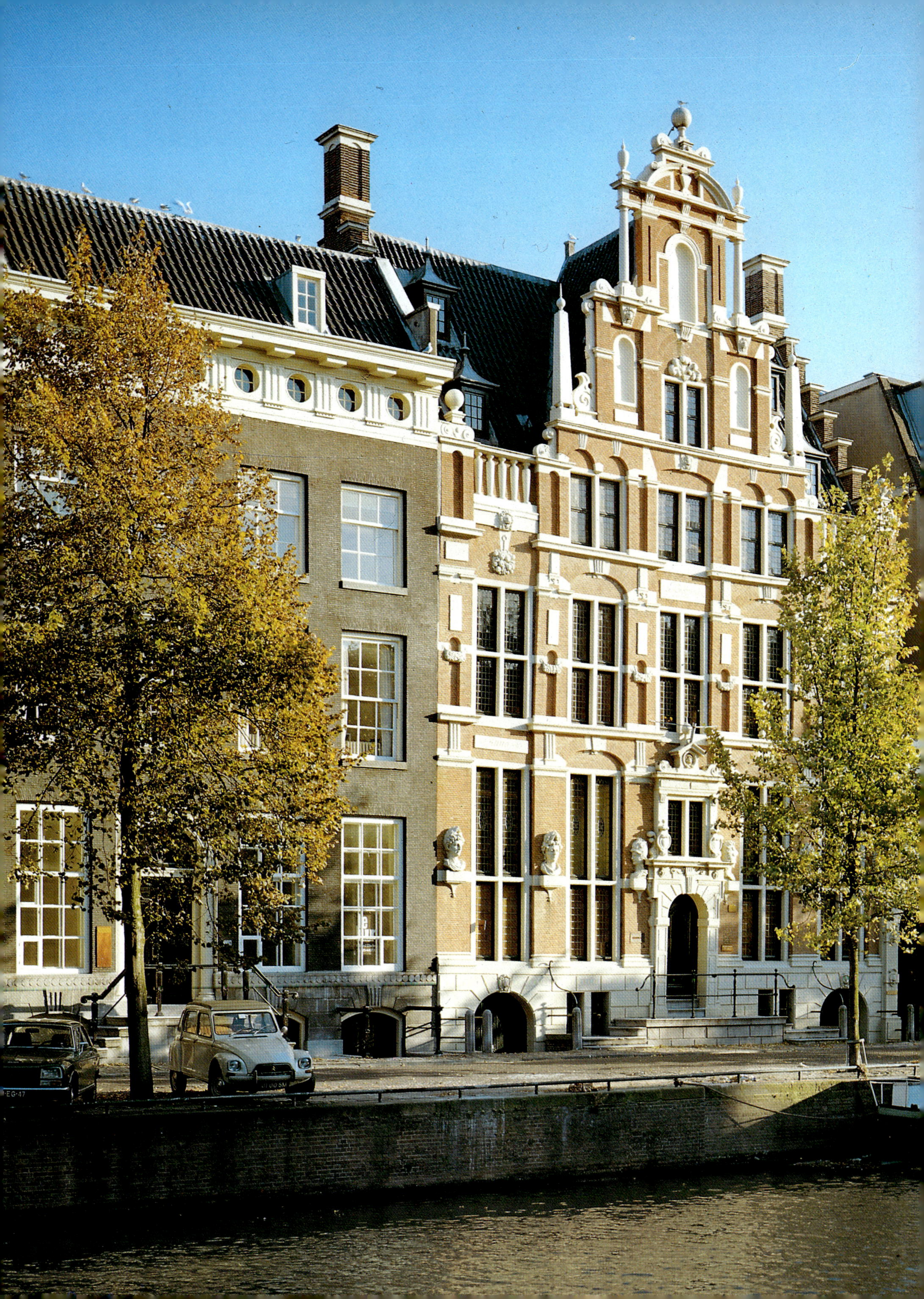

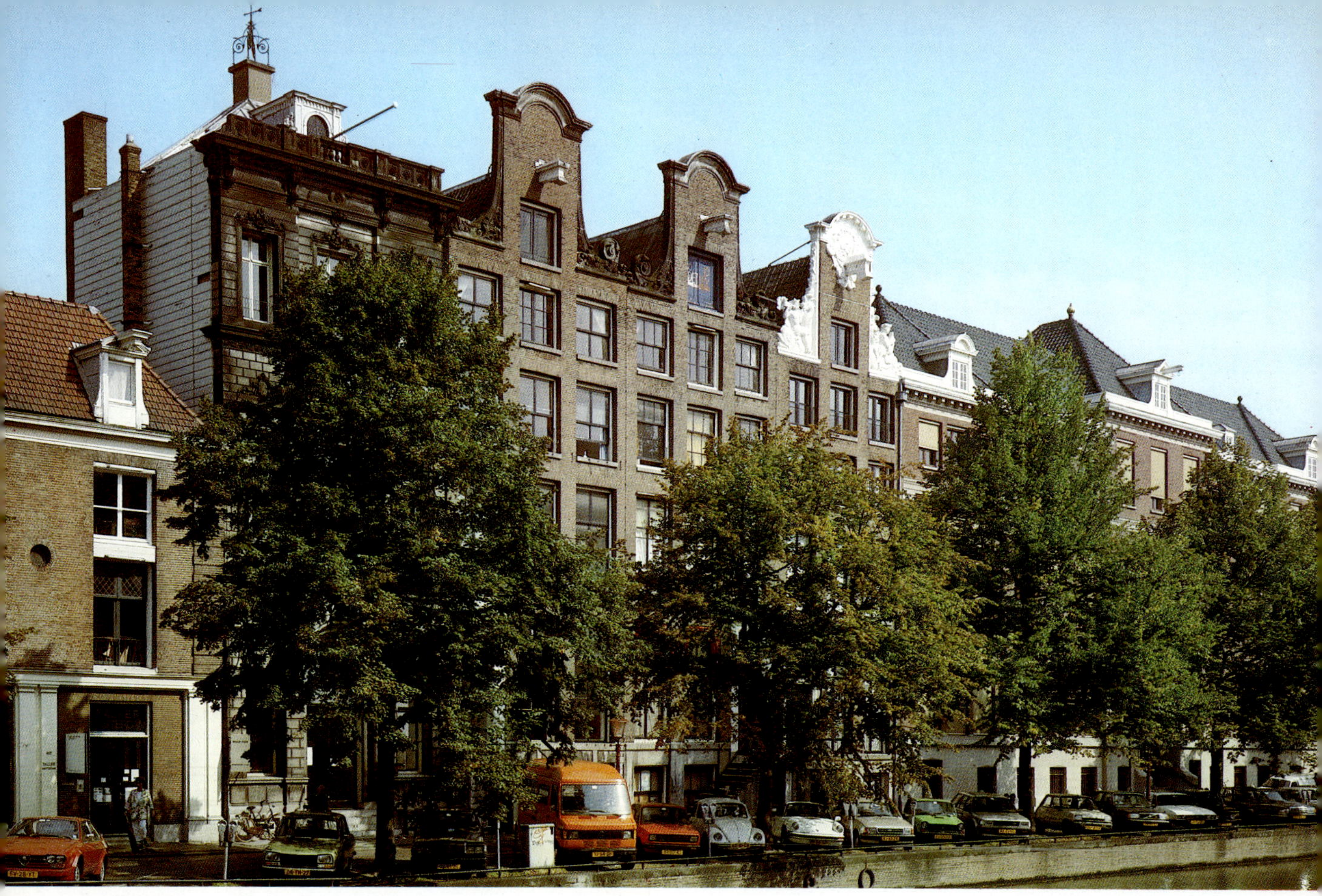

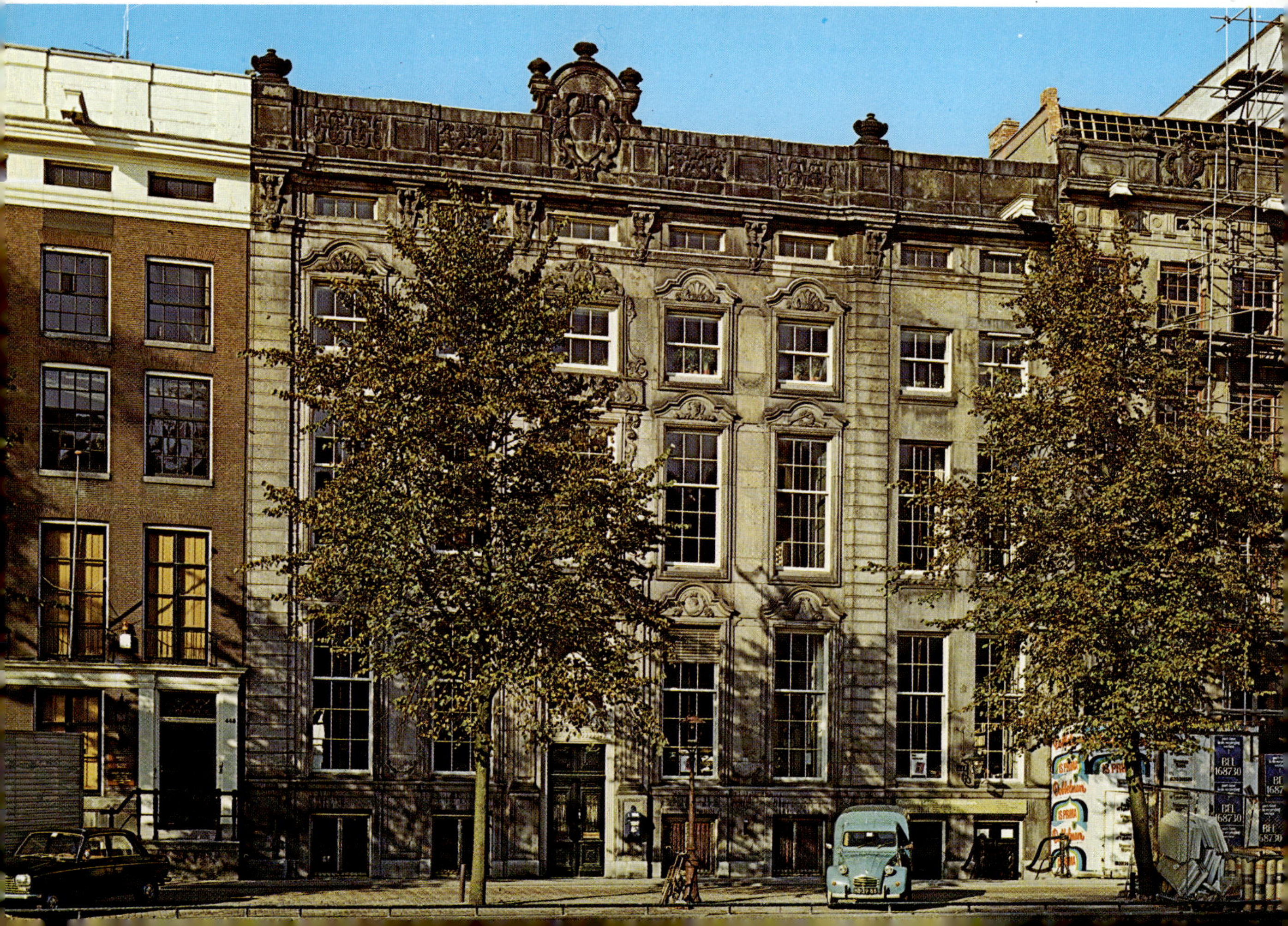

andere Version lautet, es seien die Köpfe von Einbrechern und Briganten, die eine mutige Dienstmagd mit großen Körperkräften diesen von ihren Rümpfen getrennt habe.

AMSTERDAM AUF ZWEI RÄDERN

Daß Holland das Land der Fahrräder sei, ist fast zum Gemeinplatz geworden: tatsächlich gibt es Millionen davon, und alle fahren damit, Erwachsene und Kinder, Männer und Frauen, die einfachsten Leute bis zu Mitgliedern der Königlichen Familie: alle sitzen, auf dem Sattel, ob es regnet, schneit oder die Sonne scheint. So ist das Fahrrad in diesem Land nicht nur das gebräuchlichste und praktischste Transportmittel, sondern es ist geradezu zum Wahrzeichen, zum Nationalsymbol geworden. Nur so war das langdiskutierte Problem zu lösen, wie man sich die Kanäle entlang bewegen könne, und so kam man vor einigen Jahrzehnten auf das Fahrrad, das jeder eine Zeitlang benützen konnte (zur Unterscheidung von privaten Fahrrädern wurden diese öffentlichen weiß angestrichen).

Zwei weitere elegante Wohnhäuser der Keizersgracht: Nr. 165 und Nr. 446.

Fahrräder wo man nur hinsieht...

43

Das hübsche Wohnhaus an der Nr. 739 der Prinsengracht.

Ein altes Warenlager an der Nr. 491 der Prinsengracht.

DIE PRINSENGRACHT

Der volkstümlichste der vier Hauptkanäle Amsterdams bildet den äußersten Ring des Halbkreises und befindet sich am Rand des Amsterdamer Zentrums. Auf einem langen Stück säumt er den Jordaan, das schönste Viertel der Stadt.

WESTERKERK

Nach der Reformationszeit wurden in Amsterdam vier protestantische Kirchen erbaut, die nach den vier Himmelsrichtungen genannt wurden. Es waren - in chronologischer Aufzählung - die Zuiderkerk, die Westerkerk, die Norderkerk und die Oosterkerk. Die Westerkerk ist die größte Renaissancekirche in Holland.

Der Bau wurde 1630-1631 unter Hendrick de Keyser begonnen. Nach seinem Tod mußten die Bauarbeiten abgebrochen werden; Im Jahre 1638 wurden sie dann unter dem Architekten Pieter de Keyser und Cornelis Dancker fortgeführt. Letzterer hielt sich jedoch beim Bau des Kirchturms (Höhe: 68 m) nicht an den Entwurf Hendrick de Keysers. Oben auf der Turmspitze befindet sich eine Weltkugel mit einer von Kaiser Maximilian von Österreich gespendeten Krone aus dem Jahre 1489, als Amsterdam unter dem Schutz dieses Kaisers stand. Das prunkvolle Innere in der Form eines doppelten Kreuzes wurde später von Jacob van Campen in rein klassizistischem Stil ausgestattet. Das Glockenspiel mit 47 Glocken, die François Hefmony goß, und eine herrliche, reich verzierte *Orgel* von Gerard de Lairesse (einem Schüler Rembrandts) aus dem Jahre 1682 verschönern den Bau. Hier befindet sich auch ein *Rembrandt-Grabdenkmal* zur Erinnerung an den großen Maler, auch wenn niemals mit Sicherheit bewiesen werden konnte, daß er hier beigesetzt worden ist.

Der Glockenturm im Innern der
Westerkerk (1630-31) an der
Prinsengracht.

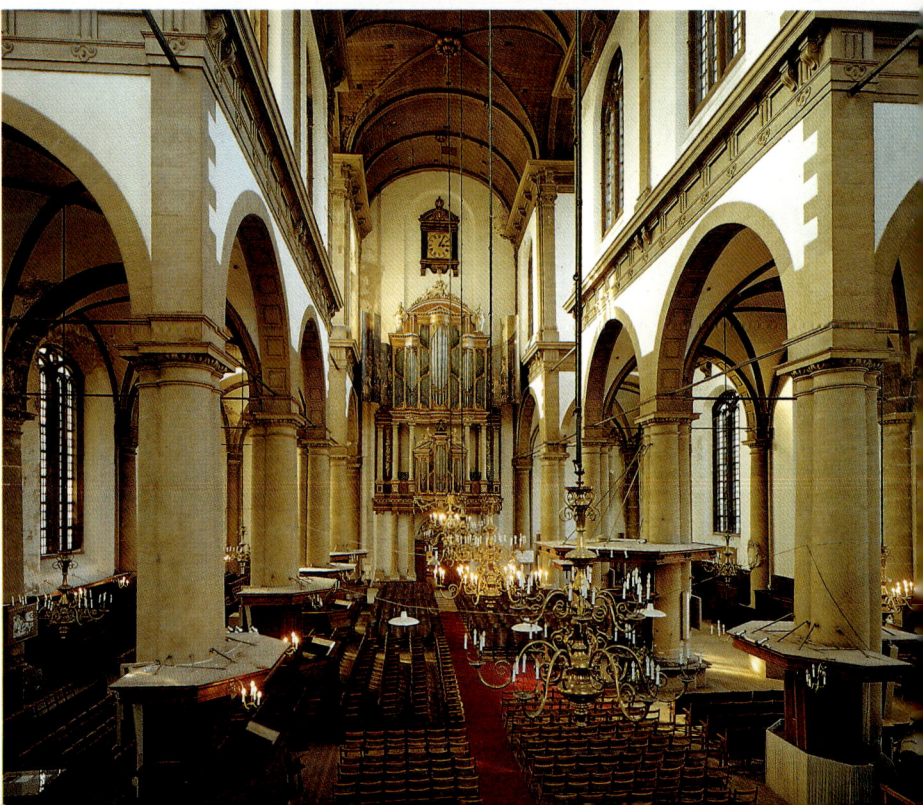

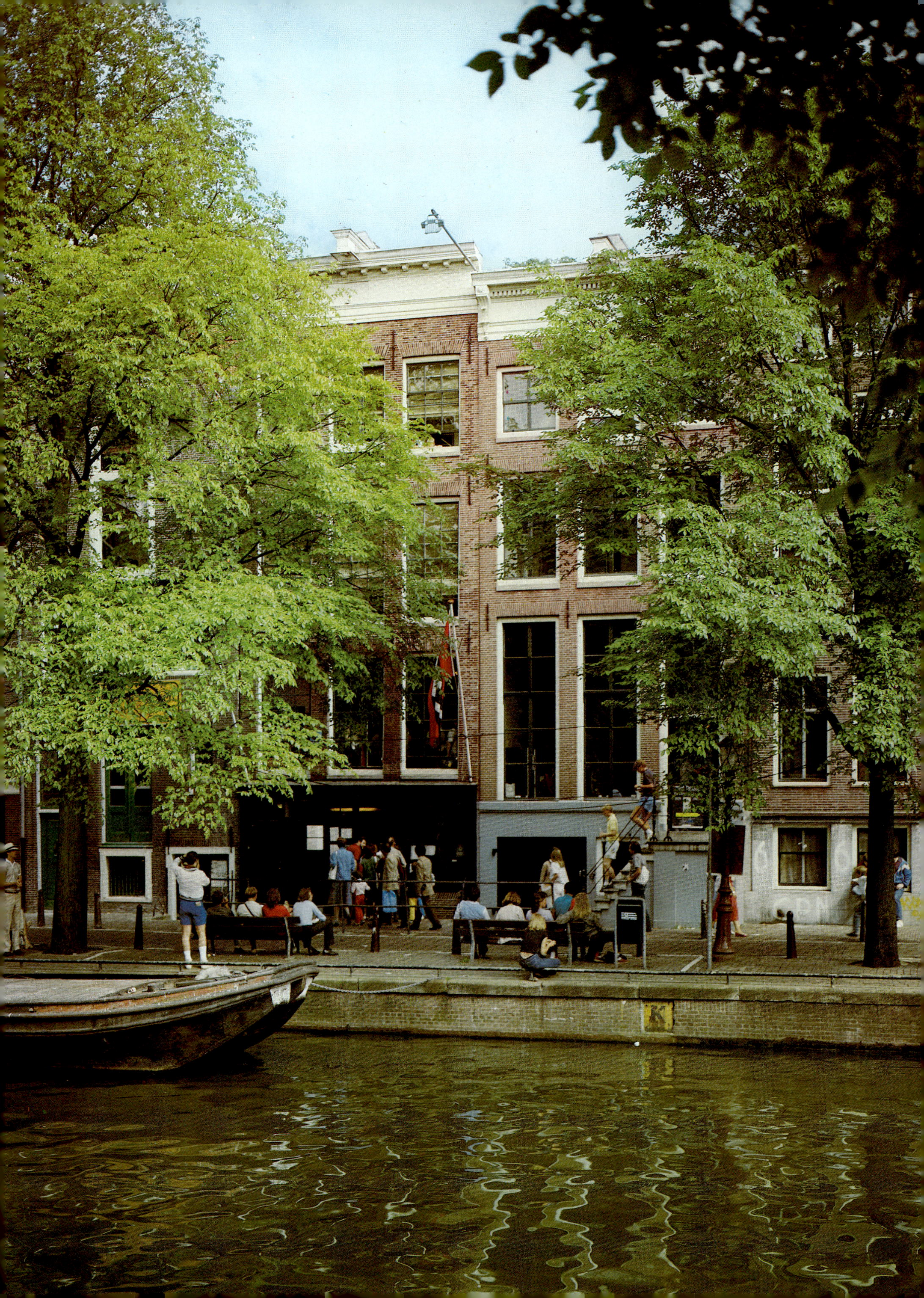

Das Haus der Anne Frank an der Nr. 263 der Prinsengracht.

Die Noorderkerk an der Prinsengracht.

ANNE-FRANK-HAUS

Die Wohnung der Anne Frank befindet sich in der Prinsengracht Nr. 263. Die blutjunge Autorin des berühmten Tagebuches «Het Achterhuis», das 1947 erschien, lebte hier mit ihrer Familie und anderen jüdischen Einwohnern eingeschlossen vom 8. Juli 1942 bis zum 4. August 1944, dem Tag, an welchem die heimliche Zuflucht entdeckt, die Bewohner verhaftet und deportiert wurden. Anne, die in das Konzentrationslager Bergen-Belsen verschleppt wurde, starb dort im März 1945, kurz vor dem Einmarsch der Alliierten Truppen und der Befreiung der Niederlande. Heute birgt das Haus eine reiche Dokumentation über die Deportation von Niederländern durch den Nationalsozialismus und ist so zum Ziel vieler Pilger geworden, die diese traurigen Ereignisse weder vergessen können noch wollen.

NOORDERKERK

Die Noorderkerk, die heute ganz wiederhergestellt ist, wurde im Jahre 1620 von Hendrick Jacobsz Staets erbaut. Dem Besucher fallen sogleich die ungewöhnlichen Strukturen der Kirche auf, die sich so ganz von anderen Kirchen unterscheiden. Diese Kirche ist in der Tat die erste, bei deren Bau die traditionellen Bauformen katholischer Kirchen mit Hauptschiff, Querschiff, Chor und Altar aufgegeben wurden. Die Noorderkerk hat die Form eines griechischen Kreuzes mit vier gleich großen Armen, die sich in der Mitte schneiden. Der Bau weist nüchterne, klare und solide Formen auf und ist bis auf die eleganten Fenster, welche die Fassade auflockern, ganz schmucklos.

PAPENEILAND

Wo die Prinsengracht und die Brouwersgracht zusammenfließen, liegt dieser reizende alte Winkel von Amsterdam: Papeneiland, die Insel der Papisten. Der Name kommt von einem alten Kloster, das außerhalb der Stadt von Kartäusermönchen gegründet worden war, und zwar dort, wo heute zwischen den engen Straßen dieses charakteristischen Stadtviertels der kleine Platz liegt. Die beiden Brücken, die hier dicht beinander liegen, sind die Papiermolensluis und die Lekker Sluis. Die letztere verdankt ihren Namen der Tatsache, daß es hier sehr viele Frittüren-Buden mit einem großen Absatz gibt.

Papeneiland (Insel der Papisten) einer der schönsten Teile der Stadt.

Die Gebäude aus dem 16. Jh., das damals die Ostindische und die Westindische Handelsgesellschaft beherbergte.

INDISCHE HANDELSGESELLSCHAFT

Im XVII. Jahrhundert begannen die Kaufleute von Amsterdam, nachdem sie sich gerade von der spanischen Fremdherrschaft befreit hatten, Jahr für Jahr viele Hunderte von Schiffen auf die lange Reise um die Welt zu schicken, um neue Erdteile zu entdecken, und die Handelsbeziehungen mit fernen Ländern aufzunehmen. Die vielen verschiedenen Handelsfirmen, die im Lauf der Zeit entstanden, schlossen sich im Jahre 1602 zu einer einzigen großen Gesellschaft zusammen, die sich Vereenigde Oostindische Compagnie (abgekürzt VOC) nannte. Diese Gesellschaft wurde von den ehrgeizigen und wohlhabenden Amsterdamern finanziert. Im Jahre 1621 entstand dann als Gegenstück dazu eine weitere Gesellschaft mit dem Namen Geoctroyeerde Westindische Compagnie. Viele Handelszentren und Kolonien wurden darauf an den fruchtbaren Küsten der Westindischen Inseln gegründet: so erwarb die Gesellshaft mit 60 Goldflorinen die Insel Manhattan in der Bucht des Flusses Hudson. Die Kolonie, die hier entstand, erhielt dann den Namen Nieuw Nederland, mit der Hauptstadt Nieuw Amsterdam. Daraus wurde später New York. Die monumentalen Ausmaße der beiden Gebäude selbst scheinen etwas von der Macht und der Überlegenheit der beiden Gesellschaften und der Stadt, die sie verkörpern, widerzuspiegeln. Auf dem Giebel der Fassade der Ostindischen Gesellschaft prangt das Wappen mit den Initialen V.O.C., sowie das der Stadt Amsterdam.

Das zweite Gebäude, das im Jahre 1642 fertig wurde, unterstreicht seine Monumentalität durch das alternierende Farbspiel von Ziegeln und Sandstein.

HAUPTPOSTAMT

Das Hauptpostamt liegt gegenüber dem Königlichen Palast, und bietet ein Beispiel für die niederländische Renaissance: es ist prächtig ausgeschmückt und liegt harmonisch und ausgewogen zwischen den anderen Bauwerken dieses Platzes.

KALVERSTRAAT

Wie schon der Name und auch die zahlreichen Steinmetzarbeiten an den Hausgiebeln zeigen, befand sich im Mittelalter in dieser Straße der Viehmarkt. Im XVII. und XVIII. Jahrhundert siedelten sich dann hier viele Buchhändler und Kaffeehändler an. Heute ist diese Straße, die vom Dam zum Muntplein verläuft, eine der lebendigsten und interessantesten der Stadt. Hier finden sich viele elegante Geschäfte, hier drängt sich stets eine bunte Menge, und zwar nicht nur Touristen, sondern auch viele Amsterdamer, die hier gern ihren Bummel machen.

Vier Bilder der lauten und geschäftigen Kalverstraat, die beliebte Geschäfsstraße, die es bereits im Mittelalter gab.

Die Hauptpost, die 1980 im überschwenglichen Stil der holländischen Renaissance entstand.

51

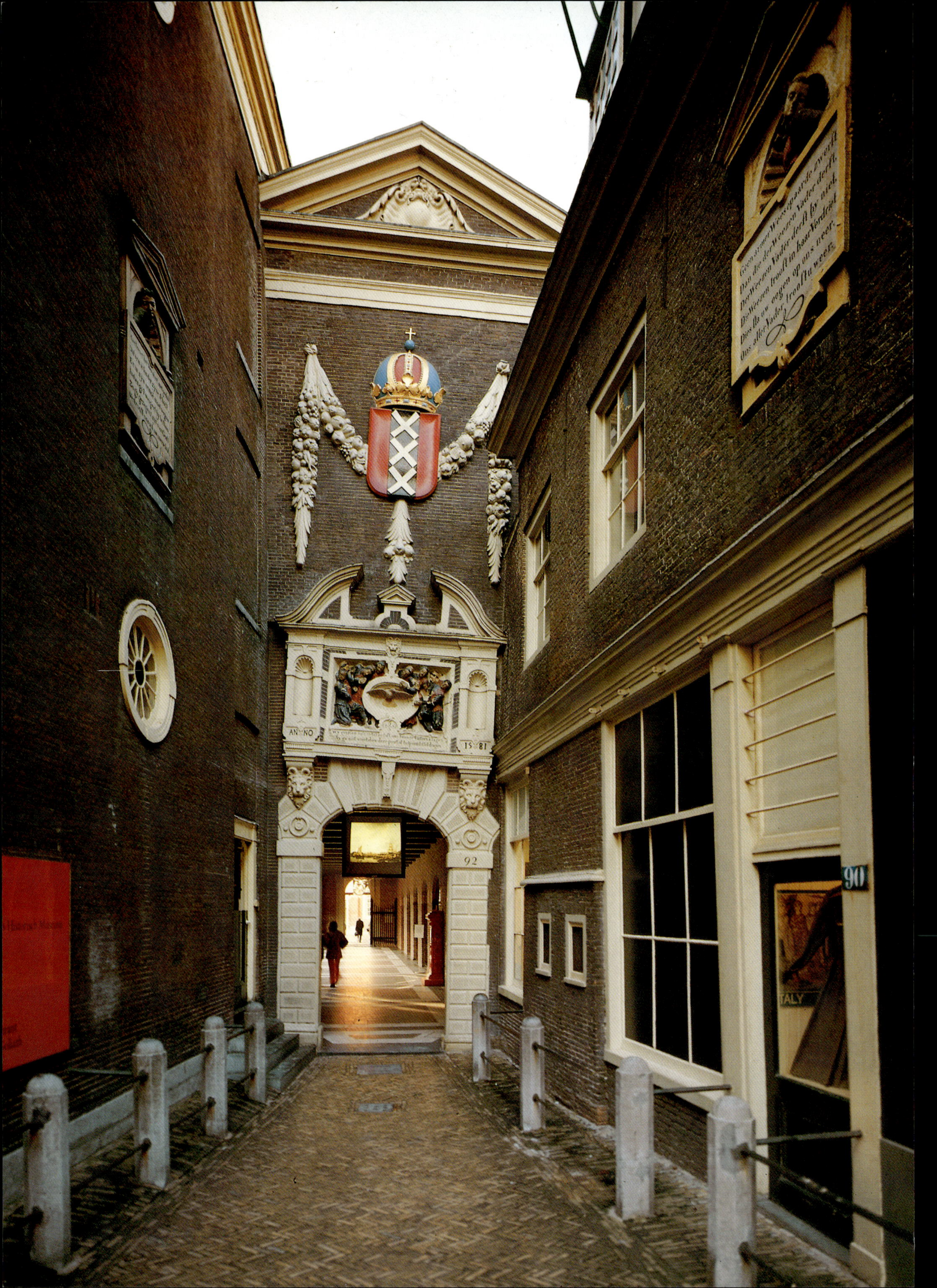

ANNO
1581
92
90

BURGERWEESHUIS

Bei der Nr. 92 der Kalverstraat führt ein Steinbogen aus dem Jahre 1592 in die Innenhöfe des ehemaligen Waisenhauses (Burgerweeshuis) von Amsterdam, das heute das Historische Museum der Stadt beherbergt. Das Gebäude wurde als ein der heiligen Lucia gewidmetes Kloster errichtet, dessen Funktion es auch von 1414 bis 1578 erfüllte. Erst in jenem Jahr erfuhr das Haus, als es die Waisen der Stadt beherbergte, seine erste große Umwandlung. Waisenhaus blieb es auch während der vier Jahrhunderte bis 1960.
Nach fünfzehnjähriger Schließung öffnete es 1975, pünktlich zur 700-Jahrfeier Amsterdams, diesmal als eindrucksvoller Sitz des Historischen Museums wieder die Tore. Durch den Bogen an der Kalverstraat (in den Verse des Dichters Vondel eingraviert sind), gelangt man in den Hof der Buben. Auf der linken Seite kann man einige Schränke sehen, in denen die Waisenkinder am Ende eines Arbeitstages ihre «Blauen Antons» und ihre Arbeitsgeräte verwahren, während auf der rechten Seite im alten Getreidespeicher des Klosters jetzt ein Restaurant «Inde Oude Goliath» Platz findet. Sein Inneres wird von der Riesenfigur des *Goliath*, flankiert vom winzigen David, beherrscht. Dieser Goliath war zwischen 1650 und 1682 die Hauptattraktion des Amsterdamer Irrgartens, dank einer einfachen Mechanik, die ihn die Augen rollen und mit dem Kopf wackeln ließ.
Vom Hof der Mädchen aus, der dem der Buben folgt, erreicht man das Museum.
Das Amsterdamer Historische Museum erzählt die Geschichte der Stadt von der Frühgeschichte bis in unsere Tage.

Der Steinbogen der von der Kalverstraat zum Burgerweeshuis, dem ehemaligen Waisenhaus von Amsterdam führt; heute befindet sich hier das Historische Museum der Stadt.

Eine Ansicht des Hofs der Jungen im Burgerweeshuis.

Die Statue des Goliath, die im Restaurant im ehemaligen Getreidespeicher des Burgerweeshuis zur Schau gestellt wird.

Der Hof der Mädchen im Burgerweeshuis.

Das Eingangstor zum Burgerweeshuis am St. Luciensteeg.

Der Begijnhof, eine ruhige, grüne Oase, wo man sich vom Trubel der Kalverstraat ausruhen kann.

BEGIJNHOF

Dies ist ein Ort des absoluten Friedens, eine idyllische Oase, ein unerwarteter Zufluchtsort vom Trubel der Kalverstraat.
Man betritt eine Art geräumigen Innenhof mit einem gepflegten Rasen in der Mitte, um den sich ungefähr ein Dutzend kleiner, ordentlicher und sehr gepflegter Häuser gruppiert. Ältere Damen, die spazierengehen oder in ihrem Garten Tee trinken, überall Blumen, eine Atmosphäre unglaublicher Freundlichkeit und zwei Kapellen, die sich gegenüberstehen, das ist Begijnhof.
Er wurde im Jahre 1346 von einigen Frauen (den Bet-Schwestern) gegründet, die in religiöser Gemeinschaft, jedoch ohne sich an strenge Klosterregeln zu binden, zusammenleben wollten. Sie legten keine Gelübde ab und verhielten sich wie Laienschwestern: jede behielt ihr eigenes Häuschen, ihren kleinen pri-

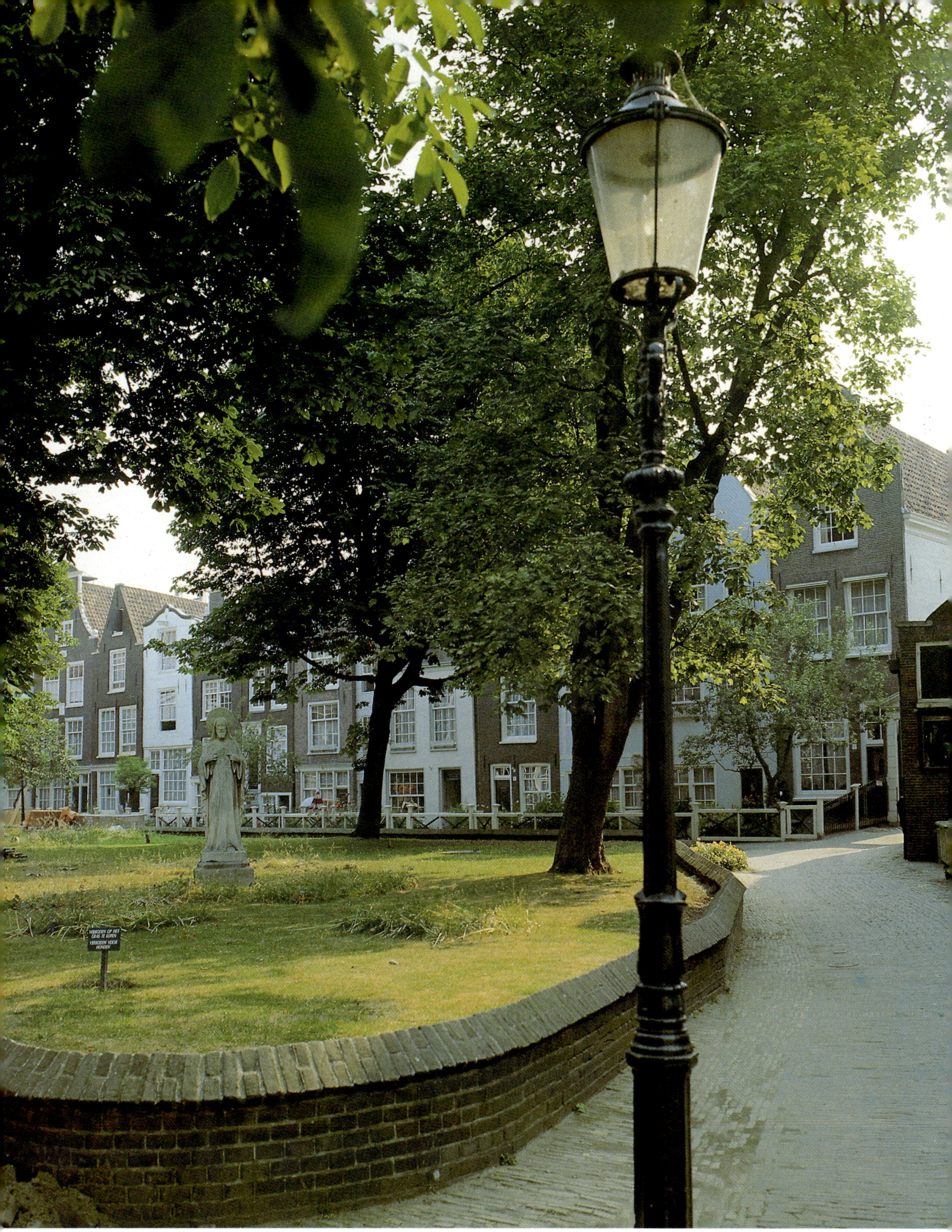

vaten Besitz und ihre Freiheit, widmete ihr Leben aber den Armen und den Kranken.

1578 raubte die Reformation den Betschwestern ihre Kirche die den Presbyterianern überlassen wurde. Es ist die Kirche, die noch heute in der Mitte des Begijnhofes steht. Der Protestantismus konnte die Gemeinschaft der Betschwestern jedoch nicht beugen, sie blieben katholisch und behielten auch ihre religiösen Zeremonien bei, dabei immer wieder die Häuser wechselnd, um nicht entdeckt zu werden. Die Katholische Kapelle, die sich vor der Englischen Kirche befindet ist z. B. ein solches Haus, das zum Gotteshaus umgewandelt wurde.

Jedes Jahr am 2. Mai werden den Besuchern des Begijnhofes die Blumen auf einem dunklen Stein an der Seite der Englischen Kirche auffallen. Es ist das schlichte *Grab der Cornelia Arents*. Bei ihrem Tod bat diese Betschwester um ein Begräbnis ohne Prunk, um die Schuld ihrer Familie abzubüßen, die zum Protestantismus übergetreten war. Ihrem Wunsch wurde nicht entsprochen, sondern man bestattete sie zuerst in der Kirche. Am nächsten Morgen jedoch fand man den Sarg mit dem Körper Cornelias vor dem Gotteshaus. Dies wiederholte sich dreimal, bis man den letzten Willen der Betschwester schließlich respektierte.

Heutzutage leben die Betschwestern nicht mehr hier. Die letzte starb im Jahre 1971 und der Begijnhof beherbergt heute bedürftige alleinstehende, ältere Damen, die eine nur symbolische Miete bezahlen.

Die Nr. 34 des Begijnhofes ist das älteste Haus Amsterdams und außerdem noch das einzige in Holz gebaute, das erhalten blieb, nachdem 1521 eine Stadtverordnung das bauen von Häusern mit brennbarem Material untersagt hatte. Das Haus Nr. 32 stammt aus dem 15. Jahrhundert und in der sich anschließenden Sackgasse findet man einige der schönsten Wappen der Stadt.

Wohnhäuser aus dem 15. und 16. Jh. am Innenhof des Begijnhofs.

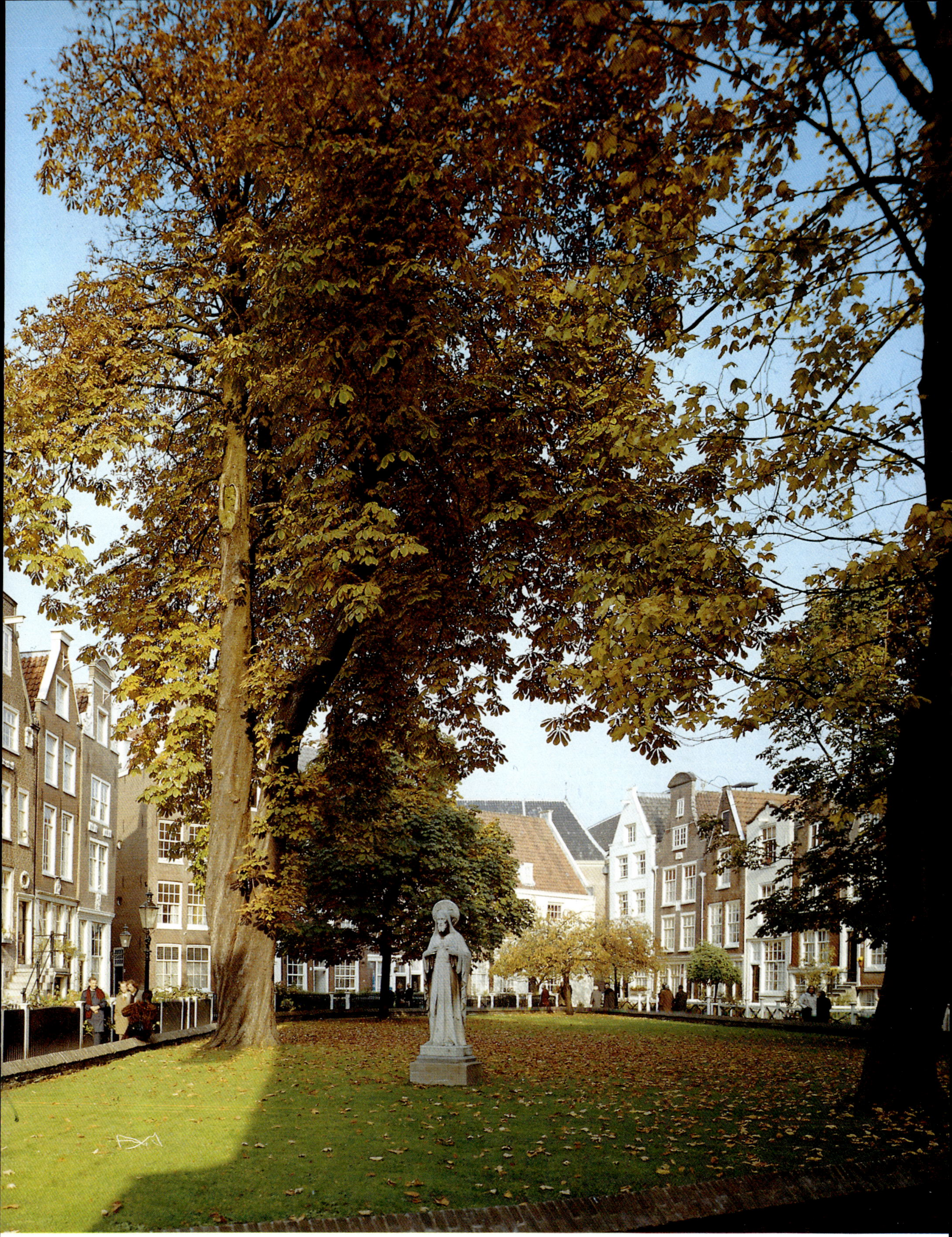

Das älteste Haus des Begijnhofs und der Stadt selbst, an der Nr. 34, das aus dem 15. Jh. stammt; es ist der einzige Holzbau, den es noch in Amsterdam gibt, nachdem 1521 dies so leicht brennbare Material für Bauzwecke verboten wurde.

Die typischen Lokale des Spui.

Der ''Gassenjunge'' Amsterdams (''Het Lieverdje'').

Das Denkmal, das den Betschwestern gewidmet ist.

SPUI

Auf dem breiten Spui, einer der interessantesten Straßen der Stadt, befindet sich das Maagdenhuis (das Haus der Jungfrauen). Es war einmal ein katholisches Waisenhaus, erbaut im Jahre 1787. Heute gehört es zur Amsterdamer Universität. Wenn man rechts dem Spui folgt, kommt man in eines der geistigen Zentren der Stadt. In der Mitte befindet sich eine kleine, spöttische Statue, *Het Lieverdje*, der kleine, freche Lausbub Amsterdams, eines der Symbole der ironischen Kultur dieser Stadt. Bei der Statue des Lausbuben befindet sich eines der volkstümlichen Pubs, das Hoppe, ständig überfüllter Treffpunkt für Studenten und Künstler und oft von Schriftstellern und Journalisten besungen.

LEIDSESTRAAT

Die Leidsestraat ist eine der belebtesten Strassen der Stadt, denn mit ihren zahlreichen Geschäften, Kaffees und Büros internationaler Fluggesellschaften ist sie eins der Geschäftszentren Amsterdams. Hier befinden sich viele Gebäude unterschiedlichstem architektonischen Ursprungs. Einige davon sind besonders reizvoll, andere hingegen weniger interessant.

Zwei Ansichten der beliebten und blebten Leidsestraat, die vom Spui ausgeht.

Zwei der Gebäude an der Straße, die teilweise mit bezaubernden dekorativen Details versehen sind.

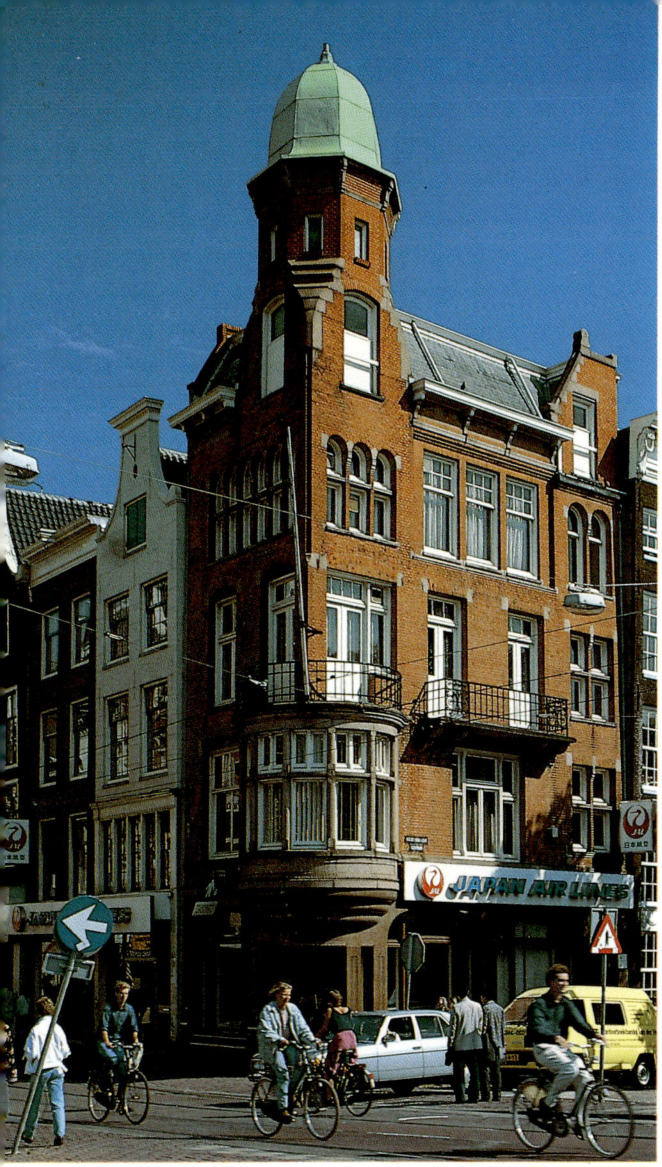
JAPAN AIR LINES

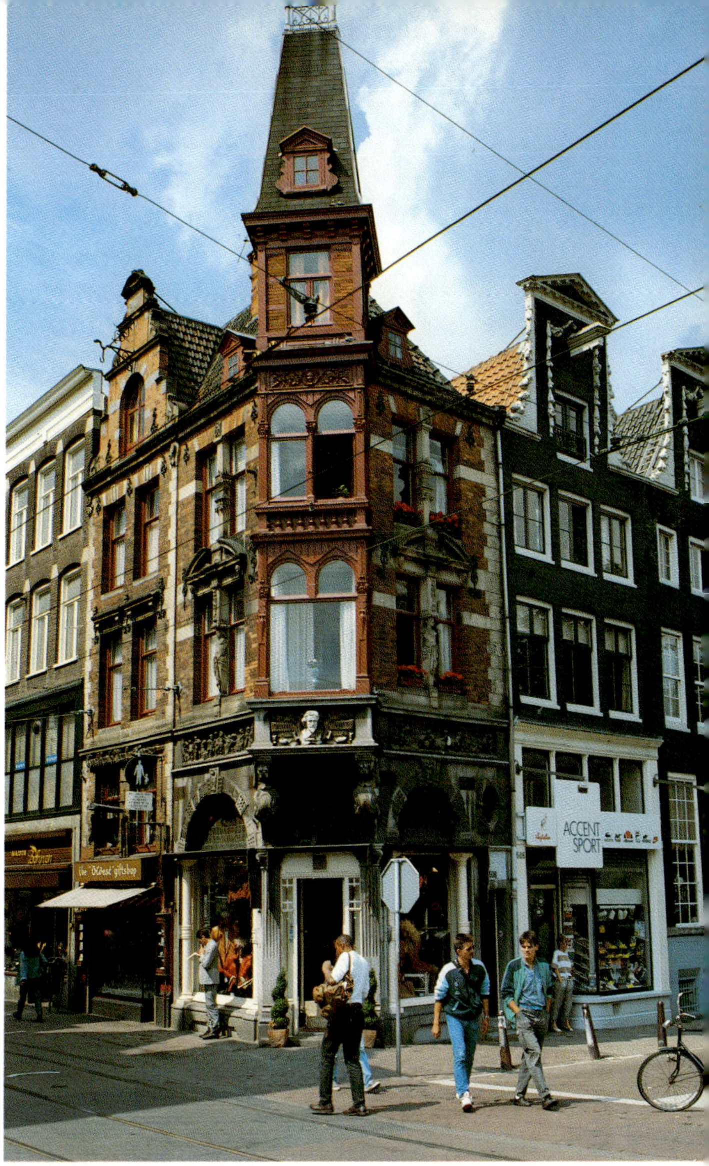
ACCENT
SPORT

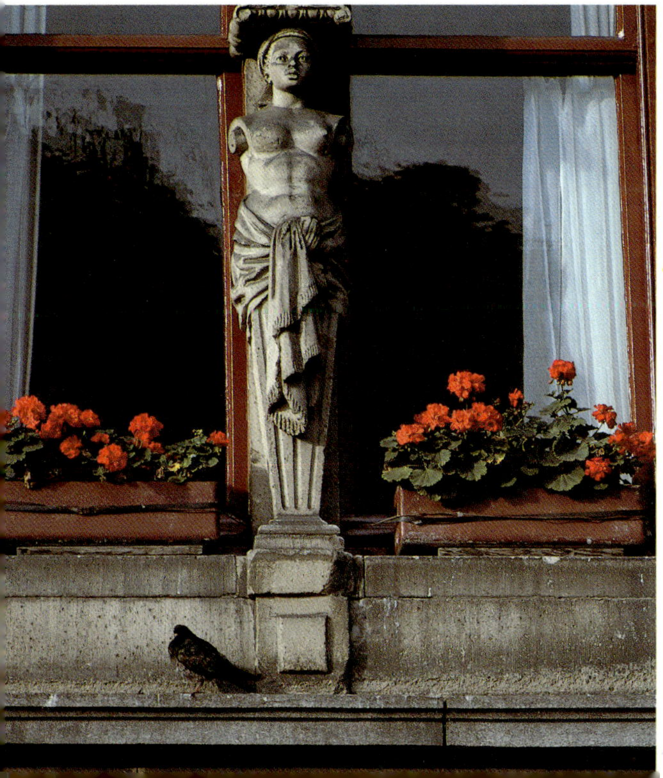

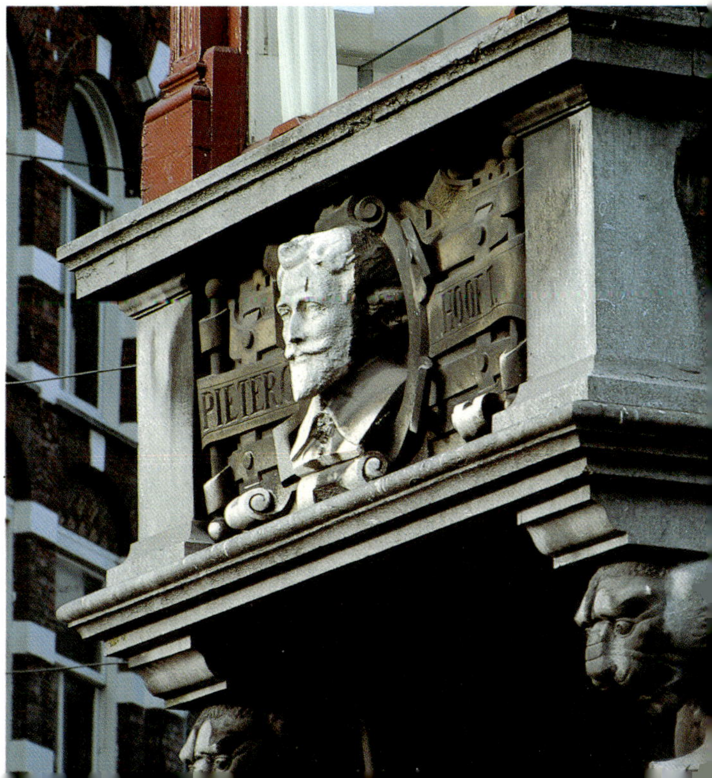
PIETER C
HOOFT

Don't be vague, ask for Haig
HAIG
Heineken Bier
BAVARIA BIER
Heineken
Reynders
ABN
Bank
Change
HOOPMAN
Oesterbar
Hoopman Bodega
Seafood
GAUCHOS

LEIDSEPLEIN

Vor noch nicht allzulanger Zeit, als es in der Stadt verboten war, mit Wagen und Kutschen zu fahren, mußten die Kaufleute und Reisenden, die ins Zentrum wollten, ihre Fahrzeuge auf einem der großen Plätze am Rande der Stadt stehen lassen. Am Anfang der Straße nach Leiden liegt der Leidseplein. Rund um den Platz stehen Gebäude, die wie an ähnlichen Plätzen zu Lagerräumen für Waren, zu «Parkplätzen» für die Wagen und Kutschen, als Werkstätten für Schmiede und Schreiner dienten. Und natürlich gab es hier auch viele Wirtshäuser,

Vier Bilder des lebhaften Leidseplein, des verrücktesten Platzes von Europa; eine improvisierte Bühne für unzählige junge Künstler.

Das Stadttheater am Leidseplein.

Das American Hotel, das 1897 am Leidseplein im Jugendstil entstand.

Vergnügungsstätten und Speiselokale.

Hier ist die Welt zuhause. Es genügt zu warten. Cafés, Theater, Kneipen, Clubs, Treffpunkte jeder Art, legendäre Pubs, Wirtshäuser, Straßenspektakel, Mimik, Clowns, Jongleure, afrikanische Musiker, harter Rock: der Leidseplein ist der ausgeflippteste von Europas Plätzen.

Im Leidseplein finden Sie alles: von Shakespeare bis Striptease. Auch treffen Sie hier auf die mythischen Orte der jüngsten Amsterdamer Geschichte: das Paradiso, eine von den Provos in den 60er Jahren besetzte Kirche, die seither eine Kultstätte der Rockmusik ist und das Melkweg auf der anderen Seite des Platzes, eine ehemalige Käsefabrik, die zu einem großen Improvisationstheater umgeformt wurde und jungen holländischen Künstlern als Bühne dient.

STADTTHEATER UND AMERICAN HOTEL

In der Mitte des Leidseplein befindet sich das Stadttheater und das Uit Bureau, das Büro, das in der Lage ist, Sie über jede Veranstaltung in Amsterdam zu informieren und Ihnen dafür Plätze zu reservieren. Vergessen Sie nicht, dem fantastischen American Hotel nebenan einen Besuch abzustatten: es wurde von W. Kromhout 1897 im reinsten Jugendstil erbaut und ist ein überraschendes Zwischending zwischen echter Kunst und Kitsch. Alles ist bis in die letzten Einzelheiten perfekt: von den Kerzenleuchtern bis zu den Fenstern, vom Hausrat bis zu den Mosaiken, auch die Kellner sind tadellos. Achten Sie auch auf die seriösen Herren, die am Zeitschriftentisch ihren Tee nehmen: die meisten sind Journalisten oder Schriftsteller, die hier in einem der geschichtlichen Lokale Amsterdams zusammenkommen. Hier wollte auch Mata Hari, die verführerische Spionin, ihre Hochzeit feiern.

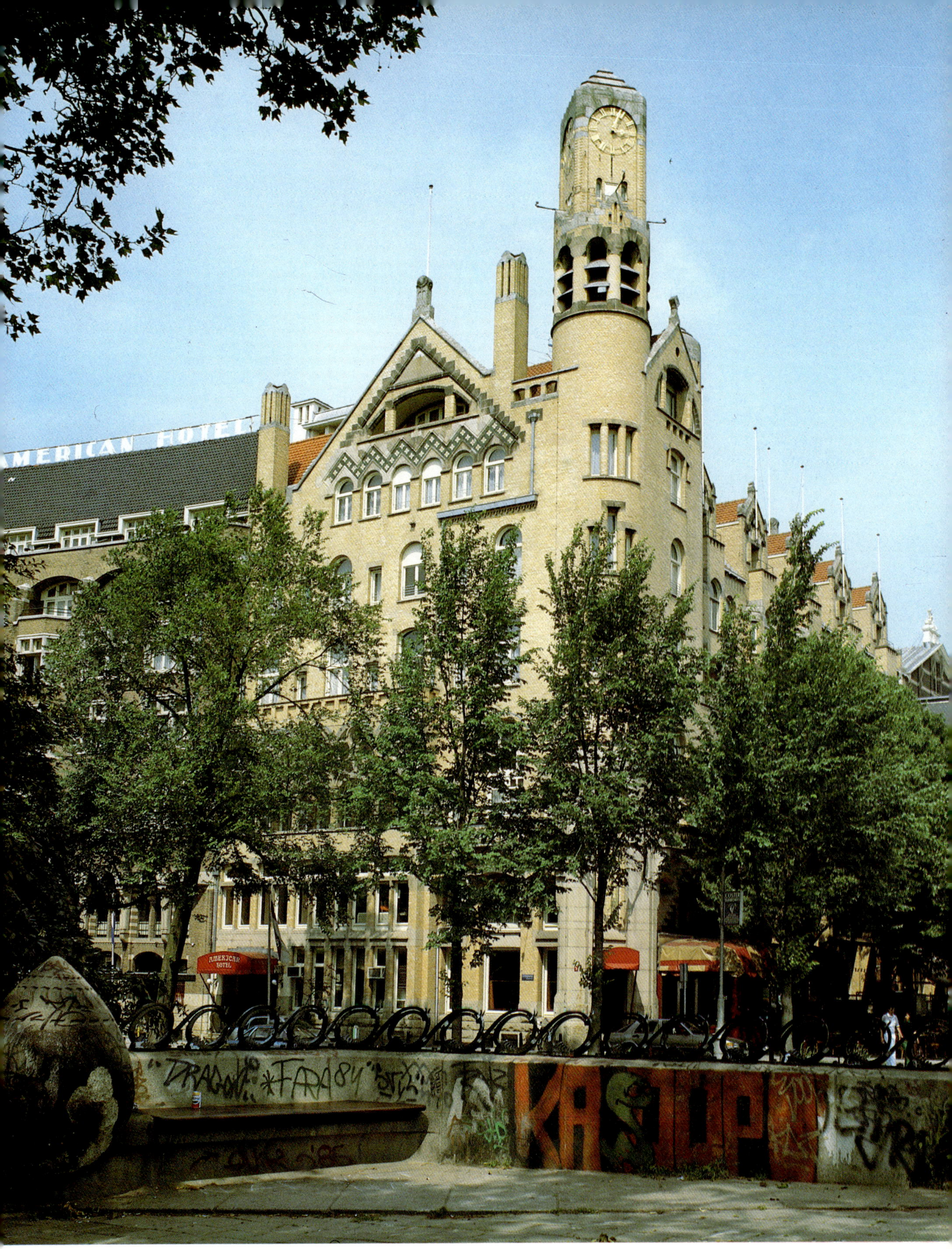
AMERICAN HOTEL

SINGELGRACHT

Die Singelgracht ist der äußerste Kanal Amsterdams und auch einer der ältesten. Nach Mitte des 17. Jh. begann an seinem breiten und gewundenen Lauf eine starke Urbanisierung. Die Gebäude an dem Kanal vermitteln heute noch die Vielfalt der unterschiedlichen Aktivitäten, die hier ausgeübt wurden und auch das soziale Niveau der Menschen, die hier lebten. Der Großteil der Häuser ist nämlich nicht wie sonst in Amsterdam üblich schmal und hoch, sondern zeigt eher miteleuropäische Einflüsse.

Zwei Ansichten der Singelgracht, die von eleganten Wohnhäusern im mitteleuropäischen Stil gesäumt wird.

VONDELPARK

Dies ist ein herrlicher, über anderthalb Kilometer langer und fast 50 Hektar weiter Park. Wiesen, kleine Seen, Wasserspiele, ein Rosengarten und ein Teehaus schaffen mitten in der Stadt eine Traumwelt. Es ist der Bois de Boulogne Amsterdams: sonntags schwärmen tausende von Städtern in Latzhosen hierher. Sie fahren Rad oder Rollschuh, führen den Hund aus oder legen sich einfach aufs Gras. In den Sechziger Jahren war der Vondel-Park das nächtliche Ziel der weltenbummelnden Hippies. Ihr samstäglicher Markt lockte Schwärme von Neugierigen.

Heutzutage werden im Vondel Park in den Sommermonaten Open-air Konzerte veranstaltet, es gibt Attraktionen für Kinder und man vernimmt die Marschmelodien vortrefflicher Musikorchester. Alle zwei Jahre spielt hier auch das «Festival of Fools» verrückt.

Zwei Ansichten des Vondelparks; oben das Denkmal des Dichters Joost van den Vondel.

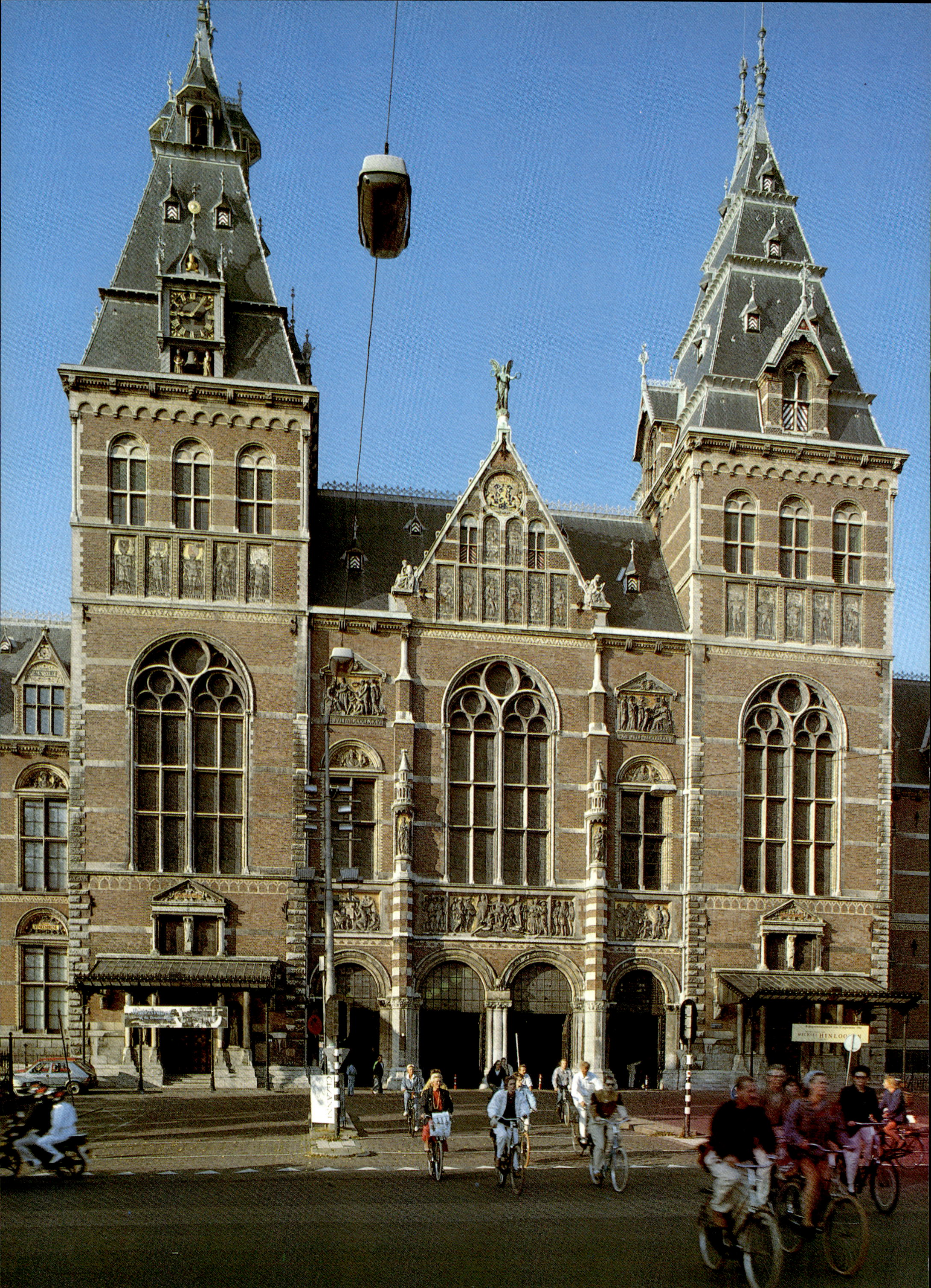

Die beiden Stirnseiten des Rijksmuseums, das von Pieter Cuypers im neugotischen Stil entworfen und 1885 eingeweiht wurde.

RIJKSMUSEUM

Im Jahre 1808 beschloß der König der Niederlande, Louis Napoleon (ein Bruder des Kaisers Napoleon), Amsterdam nicht nur zur politischen, sondern auch zur kulturellen Hauptstadt seines Reiches zu machen. In dieser Zeit wurde das Rathaus auf dem Dam zum Königlichen Palast umgestaltet. Der König gründete dann hier ein großes Museum in den Räumen des Obergeschosses. Als Holland später durch Napoleon Bonaparte dem Königreich Frankreich einverleibt wurde, wurde daraus ein Holland-museum. Doch verhinderten die bedrückenden Verhältnisse einen Umzug, der eigentlich vorgesehen gewesen war. Dann bekam Holland einen neuen König, einen Prinzen aus dem Hause Oranienburg. Wilhelm I. bestimmte, daß die Kunstsammlung (die sowohl wert-wie zahlenmäßig beträchtlich angewachsen war) in Amsterdam bleiben sollte. Das Museum erhielt den Namen «Rijksmuseum van Schilderijen». Die Sammlung wurde dann später im Trippenhuis untergebracht, einem Patrizierhaus, das sich die reichen Brüder Tripp in den Jahren 1660-1664 hatten bauen lassen. Das Museum wurde im Februar 1817 für das Publikum freigegeben. Hier verblieb die Kunstsammlung ungefähr sechzig Jahre, auch wenn sich die Raumnot schon damals immer stärker bemerkbar machte, denn die Zahl der Kunstwerke nahm auch jetzt ständig zu. Im Jahre 1862 wurde dann ein Wettbewerb für den Entwurf zu einem neuen Museumsgebäude ausgeschrieben, an dem 21 Architekten teilnahmen. Erst zehn Jahre später wurde der Entwurf von P. H. Cuypers endlich ausgeführt, und am 13. Juli 1885 wurde das Rijksmuseum von Amsterdam, ein gewaltiger roter Backsteinbau in neugotischem Stil feierlich eingeweiht. In seinen mehr als 260 Sälen befinden sich nicht nur Meisterwerke der Malerei, sondern auch kostbare Drucke, alte Möbel, wertvolle Keramik und hauchdünnes Porzellan.

Rembrandt van Rijn:
Die Vorsteher der Tuchmachergilde

Dieses eindrucksvolle Gemälde, das oben rechts datiert und signiert ist (Rembrandt f. 1662), wurde von der Tuchmachergilde in Auftrag gegeben, die ihren Sitz im Staalhof hatte, wo das Gemälde auch blieb, bis es 1771 ins Rathaus von Amsterdam kam.

Während Rembrandts Schaffenszeit als Maler ist dies das letzte der großen Gruppenporträts: er verkaufte das Haus und seine Bildersammlung - der Erlös war äußerst spärlich die Aufträge wurden immer weniger und folglich nahm auch die Arbeit zahlenmäßig ab. Und trotzdem ist dieses Bild gerade von einer großen Heiterkeit geprägt. Die fünf Figuren, mit einem Diener im Hintergrund, werden um einen Tisch dargestellt und es scheint, als würden sie gerade mitten in einer sehr harmonischen Bewegung unterbrochen. Ihre Züge sind ernst, aber gelöst, ihre Gesichter ruhig und aufmerksam. Das Licht breitet sich aus und schließt das ganze Werk ein, es fällt auf das Tischtuch, streift eine Ecke der Wand und tanzt förmlich auf den großen weißen Krägen der fünf Herren. Dies ist eines der besten Beispiele der perfekten Harmonie, die Rembrandt in seinen berühmtesten großen Werken erreichte.

Rembrandt van Rijn:
Selbstporträt

Rembrandt hat zirka siebzig Selbstporträts angefertigt: der Künstler stellte sich gerne selbst dar und entwickelte dabei eine geradezu grausame Ehrlichkeit und Genauigkeit im Detail. Angesichts des völligen Mangels an Schönheit zeigt sich so die menschliche Seite seines Hangs zum Selbstporträt. Rembrandt posiert nicht, er spielt sich nicht auf und verkleidet sich nicht: er betrachtet sich im Spiegel, blickt in sich und läßt sich vor allem ansehen. So entsteht ein wahres Porträt, das ehrlich ist und von großer psychologischer Selbstbetrachtung zeugt.

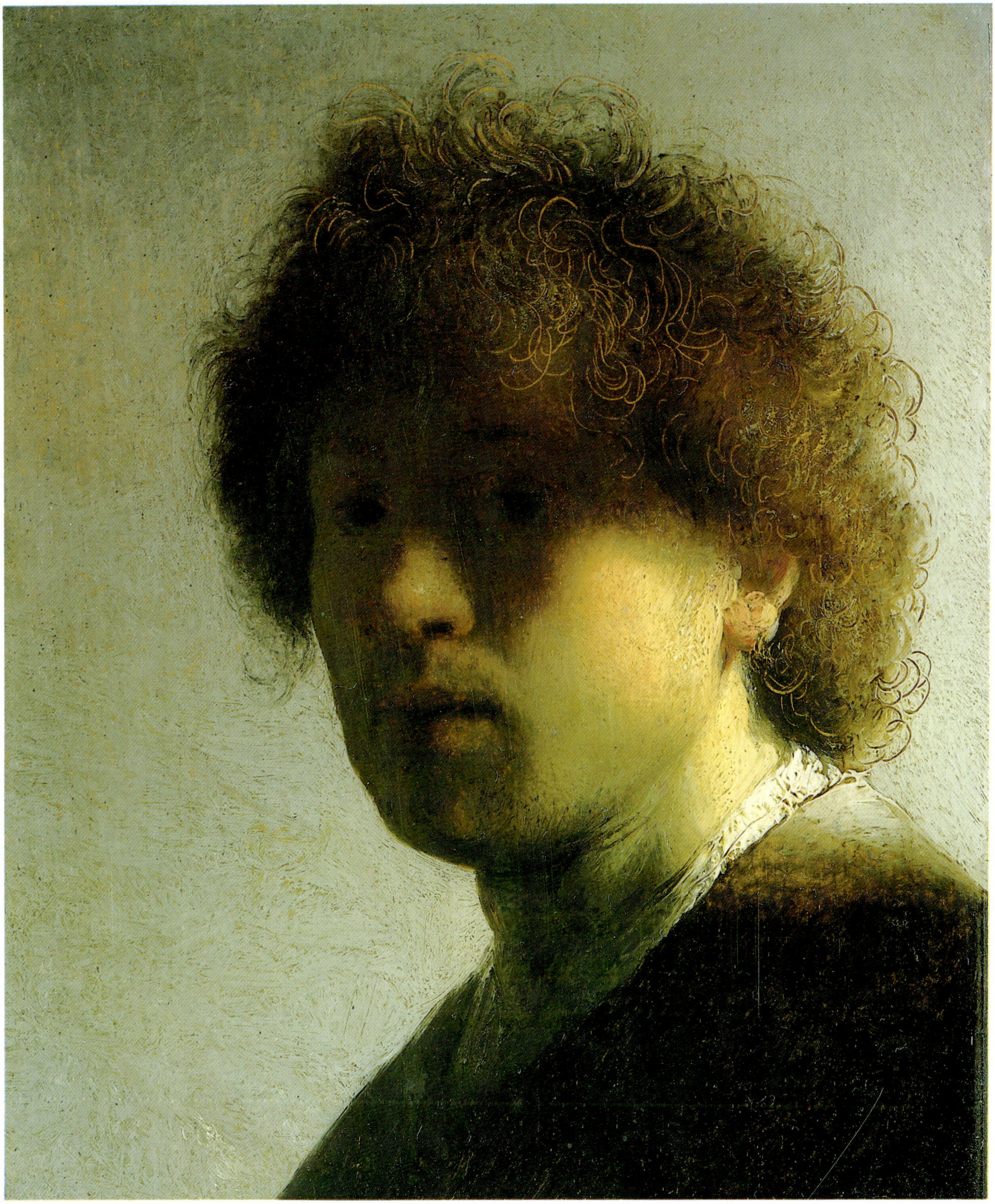

Rembrandt van Rijn:
Die Nachtwache

Dieses berühmte Gemälde von Rembrandt ist eines seiner Meisterwerke (und eines der Meisterwerke der europäischen Kultur überhaupt). Der Künstler vollendete es sechsunddreißigjährig, im Jahre 1642. Die riesige Bildfläche (sie mißt 4,38 m Länge und 3,59 m Höhe) war ein Auftragswerk der Stadt Amsterdam zur Erinnerung an die Ankunft der Maria de' Medici in der Stadt. Rembrandt stellt die Kompanie des Hauptmanns Frans Cocq und des Leutnants Willem van Ruytenburch dar, während sie sich auf den nächtlichen Abmarsch vorbereitet. Der Name, unter dem das Gemälde heute allgemein bekannt ist, wurde ihm im XVIII. Jahrhundert gegeben, als die Leinwand durch das Nachdunkeln der Farbe «nächtliche» Töne annahm. Rembrandt, der von den neuen Ideen des Barock, von der Bewegung und der individuellen Ausdruckskraft jeder einzelnen Gestalt sehr fasziniert war, bricht hier radikal mit jeder Tradition der Portraitdarstellung, indem er die Personen so dramatisch postiert, als seien sie Schauspieler vor einem offenen Vorhang. Dieses gekonnte Spiel, verbunden mit einer genialen Pinselführung, mit perfekten Linien und Farben, vermittelt den Eindruck einer Dynamik, die sich von einer Gestalt auf die andere überträgt. Jede Figur ist psychologisch durchdacht, jede Geste ausgewogen und natürlich, nie gewaltsam. Es fehlen auch nicht die besonderen Zugeständnisse an den Geschmack der Zeit wie die Kinder im Hintergrund und der bellende Hund. Das Ergebnis dieser höchsten Technik zeigt uns eine Personengruppe, die aus einem dunklen Hintergrund kommend, sich langsam in das helle Licht auf den Betrachter zubewegt.

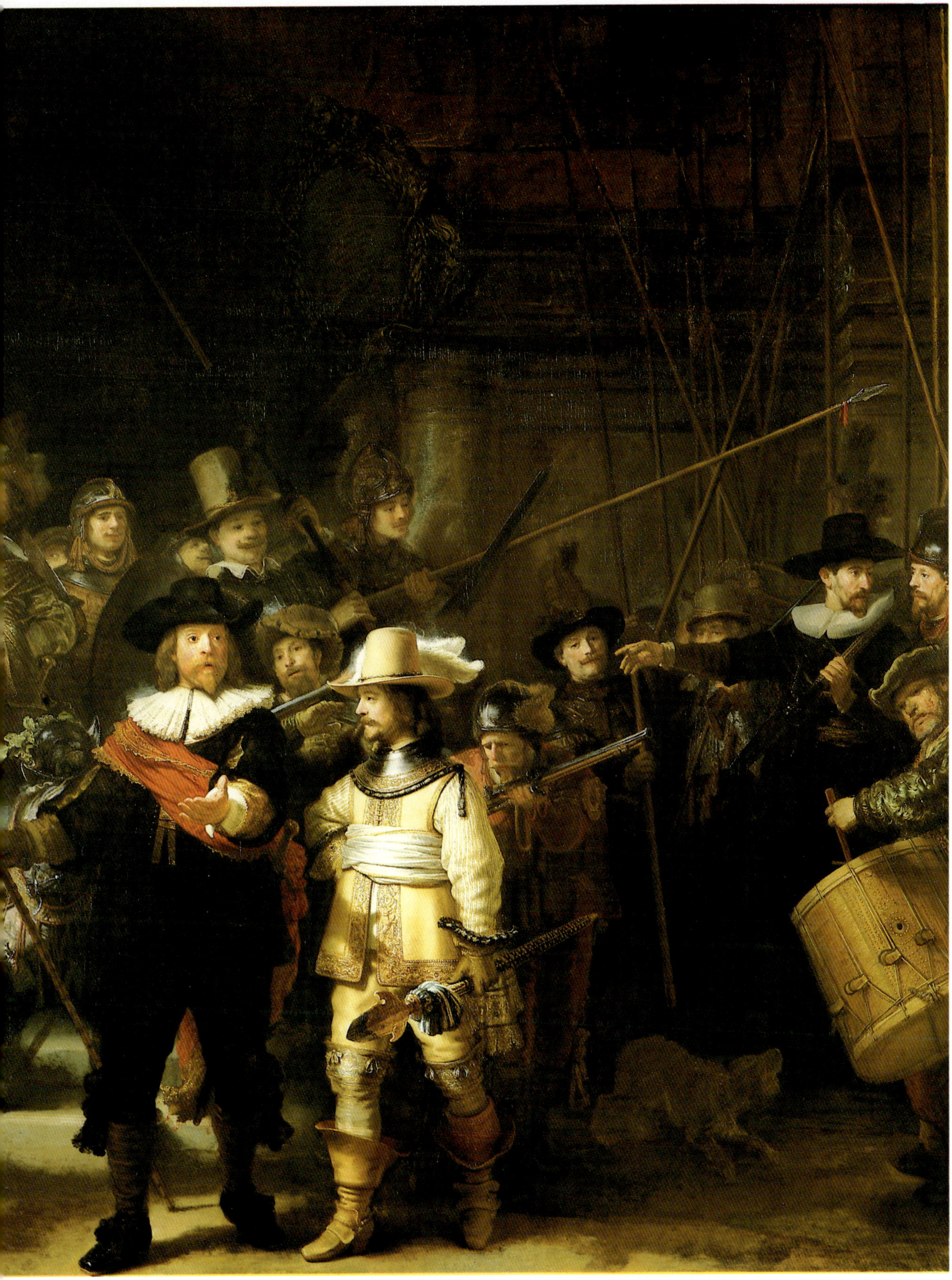

Jan Vermeer van Delft:
Lesende junge Frau

Der Generation nach Rembrandt gehörte ein Maler an, der, auch wenn seine Werke nicht zahlreich sind zeigte, daß die große Malerei nicht einzig und allein von der Bedeutung des Themas abhängt. Jan Vermeer van Delft gelang es, ein Universum aus Innigkeit und kleinen Dingen zu schaffen: das Innere bürgerlicher Häuser, einfache Leute, tägliche Verrichtungen und einfache Gesten. Sein großartiges Werk entstammt dem holländischen Bürgertum, das bereits die Meere erobert hat und über einen soliden aber nicht übertriebenen Reichtum verfügt, der niemals zur Schau gestellt wird. Bei der lesenden jungen Frau, die zwischen 1662 und 1663 entstand und in der viele die schwangere Frau des Malers, Catharina erkennen wollen, fällt unser Augenmerk sofort auf das gesetzte Profil der Frau, die in den Händen ein Stück Papier hält. Sie ist in eine weiche blaue Jacke gehüllt, die die runden Formen der bevorstehenden Mutterschaft enthüllt und betont. Von einem Fenster auf der linken Seite, das wir nicht sehen sondern nur erahnen können, dringt das Licht ein, das auf den Tisch fällt und die Figur der Frau förmlich überflutet.

Jan Vermeer van Delft:
Die Küchenmagd

In einer ganz beliebigen Küche ist eine völlig durchschnittliche Frau dabei, Milch aus einem Krug zu gießen: dies ist eine der sehr banalen Handlungen, die Vermeer abbildet. Von der grauen Wand im Hintergrund hebt sich die Silhouette der energischen Hausfrau mit ihrer farbenfrohen, aus grobem Tuch genähten Kleidung deutlich ab. Die langsame Geste, mit der sie die Milch in die große Schüssel laufen läßt, paßt exakt zu dem Stilleben des Brotes im Korb. Auch hier kommt dem Licht die entscheidende Rolle zu; es beschreibt den Raum, bricht an der Haube der Frau und belebt und verwandelt für einen Augenblick das, was vorher nur räumlichen, unbeseelten Wert hatte.

VAN GOGH MUSEUM

Es ist ein rechteckiges Gebäude aus Glas und Sichtbeton mit großen Sälen und weiten, lichtdurchfluteten Räumen. Dieses moderne Bauwerk wurde von Gerry Rietveld eigens für die Van-Gogh-Sammulung erbaut und 1973 eingeweiht. Es enthält die bei weitem größte und wichtigste Kollektion der Werke Van Goghs, die vom Bruder Theo und dessen Sohn Vincent gestiftet wurde, und ist eines der Museen, deren Besuch man nicht versäumen sollte.

Das Van-Gogh-Museum versammelt rund 200 Gemälde, 500 Zeichnungen und 700 Briefe des Malers. Auch findet man dort Werke von Zeitgenossen Van Goghs wie Gauguin oder Toulouse-Lautrec.

Das Museum ist auf vier Stockwerken nach Galerien aufgeteilt und das Werk Van Goghs entsprechend seiner künstlerischen Phasen angeordnet.

Im Erdgeschoß werden die Erinnerungen des Malers, darunter die handgeschriebenen Briefe aufbewahrt.

Gegen Ende des vergangenen Jahrhunderts erschien in einem Provinzblatt folgende magere Pressenotiz: "Sonntag, den 27. Juli, ein Mann namens Van Gogh, 37 Jahre, Holländer, Maler, auf der Durchreise nach Auvers-sur-Oise, hat sich auf einem Felde mit einer Pistole angeschossen. Der Verletzte hat sich noch bis in sein Zimmer geschleppt, wo er am nächsten Morgen verstorben ist". Es starb so, verzweifelt und lebensbange, von vielen für verrückt gehalten, einer der größten modernen Maler: Vincent Van Gogh. Es war das Jahr 1890. Van

Das moderne Van Gogh Museum, das 1973 eingeweiht wurde.

Zwei Säle des Van Gogh Museums.

77

Gogh wurde am 30. März 1853 in Grootzundert in Braband (Holland) als Sohn einer protestantischen Pastorenfamilie geboren. Für wenige Jahre folgte er den Spuren seines Vaters, studierte Theologie und wurde Assistenzpriester. Aber dies war nicht seine Berufung: er entdeckte die Kunst und die Malerei und widmete sich in seinen letzten zehn Lebensjahren jeden Tag den Bildern. Er malte über 800 davon, zu denen man noch weitere 800 Zeichnungen dazuzählen muß. Mit seinem Bruder Theo führte er einen ausgedehnten Briefwechsel. In seinen letzten Lebensjahren (die er in der Camargue, in Arles und in Auvers verbrachte) entstanden seine berühmtesten Werke, Bilder, in denen einer der hellsten Geister seiner Zeit sein Drama, seine Ängste, seine große Kraft und seine Leidenschaften öffentlich bekannte.

Selbstporträt

Dieses Gemälde, das Van Gogh im Spätsommer des Jahres 1887 in Paris malte zeigt, wie sehr er die Theorie Seurats über den Pointillismus aufgenommen, aber gleichzeitig interpretierend verändert, ja sogar revolutioniert hat.
Die Maltechnik des Pointillismus verwandelt sich von der Zerlegung in ungemischte Farbpünktchen in nervöse Pinselstriche, die den Gemütszustand des Malers ausdrücken. Van Gogh hatte geschrieben, daß "… die Gefühle manchmal so stark sind, daß man arbeitet, ohne eigentlich bewußt zu arbeiten…"; in seiner eindrucksvollen und erschütternden Art ist dieses Selbstporträt der deutliche Beweis dafür. "Es ist nicht leicht, sich selbst zu malen", hatte der Künstler einmal gesagt und doch hinterließ Van Gogh 35 Selbstporträts, die er mit Hilfe eines Spiegels malte.

Kartoffelesser

Zu diesem Thema gibt es ein Dutzend Skizzen und drei Gemälde. Dieses entstand im Mai und April des Jahres 1885 in Nuenen, wo der Vater Van Goghs zum Pastor ernannt worden war und der Maler sich zwei Jahre lang aufhielt; er malte hier die Häuser, die Menschen und die Landschaft. Das entbehrungsreiche, elende Leben der Bauern und Bergleute und ihre Mühen trafen Van Gogh sehr und genau dies wollte er in seinen Bildern zum Ausdruck bringen. In einen Brief an Theo schreibt er: "… es ist deutlich, daß dies ein Bild von Bauern ist. Ein Bild von Bauern muß nach Speck, Rauch und Kartoffeldampf riechen…". Demzufolge beschränkt sich die Farbpalette auf Brauntöne und das Bild wird zu einer kräftigen und plumpen Linie, die diese kräftigen und groben Figuren beschreibt. In einem weiteren Brief an den Bruder können wir lesen, daß die knöcherigen Hände, die von der harten Arbeit auf dem Felde deformiert sind und die Kartoffel von dem Gemeinschafteller nehmen, genau dieselben Hände sind, die den Boden bearbeitet haben, auf dem die Kartoffeln gewachsen sind. Van Gogh ist es gleichgültig, ob sein Bild gefällt, oder nicht; ihn interessiert nur die Realität, die er sieht und spürt. Wenn es jemand "vorzieht, die Bauern in einem beschönigten Bild zu sehen, dann ist er frei, dies zu tun".

Sonnenblumen

In Arles erwartet Van Gogh voller Ungeduld und Nervosität seinen Freund Paul Gauguin. Er hat ein kleines Haus mit einer gelb gestrichenen Fassade gemietet; die Innenausstattung besteht einzig und allein aus einer Serie von zwölf Gemälden mit gelben Sonnenblumen. Gelb ist die charakteristische Farbe, die in Van Goghs Werken aus seiner Zeit in Arles überwiegt. Von dieser berühmten Serie ist dieses Bild, das im Januar 1889 entstand, eins der schönsten.

Das Bild besteht aus einem Zusammenspiel von Gelbtönen, der Pinselstrich ist fortlaufend, gefühlvoll, ja beinah aggressiv; er beschränkt sich nicht nur darauf, das Volumen der Blumen auszumalen, sondern beschreibt auch die Umrisse selbst. Van Gogh an seinen Bruder: "Ich bin bereits an dem Punkt angelangt, wo ich beschlossen habe, nicht mehr mit dem Kohlestift zu zeichnen... ein gutes Bild muß direkt mit der Farbe gemalt werden". Van Gogh geht sogar so weit, die Farbtube direkt auf der Leinwand auszudrücken, dann mit groben Pinselstrichen zerquetscht er die Farbe und schafft so die grelle Masse der Sonnenblumen, wobei er einen Mosaik-Effekt erzielt, den der Künstler selbst mit den Fenstern einer Kirche verglich.

Getreidefeld mit Raben

Das bretonische Dorf Auvers-sur-Oise mit seiner "strengen Schönheit und seiner charakteristischen und malerischen Landschaft", ist die letzte Etappe des bewegten Lebens Vincent Van Goghs. Fünf Monate sind seit der letzten Krise vergangen, die ihn in Saint-Rémy gequält hatte und die Luftveränderung in Auvers scheint ihm gut zu tun. Im Juli 1890 schreibt er in einem Brief an seine Mutter: "Ich bin völlig gefangengenommen von dieser endlosen Ebene von Getreidefeldern, mit den Hügeln im Hintergrund, so weit wie das Meer... ich bin ruhig, fast zu ruhig und befinde mich somit in dem Geisteszustand, der nötig ist, um dies alles zu malen". Dieses Bild jedoch, das sicherlich vor dem 9. Juli vollendet wurde, hat nichts von dieser so betonten, beinah beschworenen Ruhe Van Goghs. Es scheint als wäre es unter einem Anfall von Zerstörungswut entstanden: die Farben sind in zornigen Zügen nicht des Pinsels, sondern des Spachtels aufgetragen. Die liebliche, etwas verschlafene bretonische Landschaft existiert nich mehr, doch dies ist Van Gogh gleichgültig, denn dies ist, was er sieht und fühlt; die Natur ist verzerrt, denn das allein kann seine Malerei ausdrücken. Keine knorrigen Äste von Olivenbäumen, keine gewundenen Umrisse von Zypressen, keine Menschen, die dieses öde Meer von Getreide beleben oder aufheitern könnten; nur der dramatische Flug der schwarzen Raben vor einem düsteren und stürmischen Himmel. Auf diesem Bild gelang es

Van Gogh mühelos "... die Traurigkeit und tiefe Einsamkeit auszudrücken" wie er Theo im Juli schrieb. Diese beiden sind nunmehr seine letzten Begleiter, denn für Van Gogh ist es sinnlos, von etwas anderem zu schreiben. Genau auf diese Felder geht der Maler am 27. Juli, allein mit einem Revolver, mit dem er sich erschießt und einem unvollendeten Brief an Theo.
"Nun gut, was meine Arbeit betrifft, so riskiere ich dabei mein Leben und habe schon zur Hälfte meinen Verstand verloren": nie waren im Leben eines Künstlers Gefühl und Schaffen so deutlich umschrieben.

Die Brücke von Langlois

Van Gogh hatte eine besondere Vorliebe für dieses Sujet; gleich nach seiner Ankunft in der Provence, im Februar 1888, begann er, sie zu malen und zu zeichnen. Abgesehen von zahlreichen Aquarellen und Zeichnungen gibt es vier Versionen der Brücke. Besonders das Spiel von Licht und Transparenz, die Reflexe auf dem Wasser und die einzigartige Atmosphäre begeistern Van Gogh; das ganze Bild ist von einer unglaublichen Heiterkeit geprägt.
Als Van Gogh nach Arles kam, wurde er zugleich derart von der herrlichen Landschaft, die in das Licht des Südens getaucht schien, von dieser "ungewöhnlich schönen" Natur beeindruckt, daß sich sogar seine Maltechnik veränderte. Er schrieb seiner Schwester "... man kann die Natur des Südens nicht mit der Farbpalette des Nordens malen. Heute ist meine Palette reich an Farben..."

Stilleben

Dieses Paar Holzschuhe, ein Gemälde, das Ende 1888 entstand, ist Inhaltlich Teil der Serie von Gemälden, die Van Gogh im Laufe der Jahre dem täglichen Leben widmete.
Seine Malerei ist geprägt von leerer Stühlen, verlassenen Räumen und vergessenen Gegenständen; in ihrem ausgeprägten Realismus sind sie fern jeder Banalität des Alltäglichen und übernehmen die Funktion des extremen Symbols der Einsamkeit des Menschen.

Das Gebäude aus der Neurenaissance, in dem das Stedelijk Museum untergebracht ist.

STEDELIJK MUSEUM

Es ist das Städtische Museum Amsterdams und enthält eine der wichtigsten Sammlungen moderner Kunst in Europa. Seine Kollektionen umfassen vor allem die holländische und französische Malerei des 19. und 20. Jh. mit seinen wichtigsten Vertretern: Cézanne, Monet, Picasso, Matisse, Mondriaan, Malevitch, Chagall und Dubuffet. Das schöne Backsteingebäude auf der eleganten Paulus Potterstraat, das das Stedelijk-Museum beherbergt, wurde zwischen 1893 und 1895 von dem Architekten A. W. Weissmann erbaut. Es ist ein weiteres Beispiel der holländischen Neo-Renaissance. Auf seiner Fassade fallen die vielen Nischen ins Auge, die von den Statuen der größten Amsterdamer Künstler ausgefüllt werden, darunter selbstverständlich Hendrick de Keyser und Jacob van Campen. Das Stedelijk-Museum konnte dank der Großzügigkeit der wichtigsten Amsterdamer Sammler ins Leben gerufen werden: Der Stadtrat entschloß sich, das Museumsgebäude zu bauen, als 1891 Sophia Augusta de Bruyn der Stadt ihre Sammlung vermachte. In seiner Anfangszeit waren im Stedelijk-Museum die unterschiedlichsten Kollektionen untergebracht: Die Geschichte des Bogenschießens, das Uhrenmuseum, die orientalische Kunst und das Museum der Geschichte der Medizin. Erst seit 1952, mit der Übersiedlung dieser Sammlungen in geeignetere Räumlichkeiten, widmet sich das Stedelijk-Museum ausschließlich der modernen Kunst.

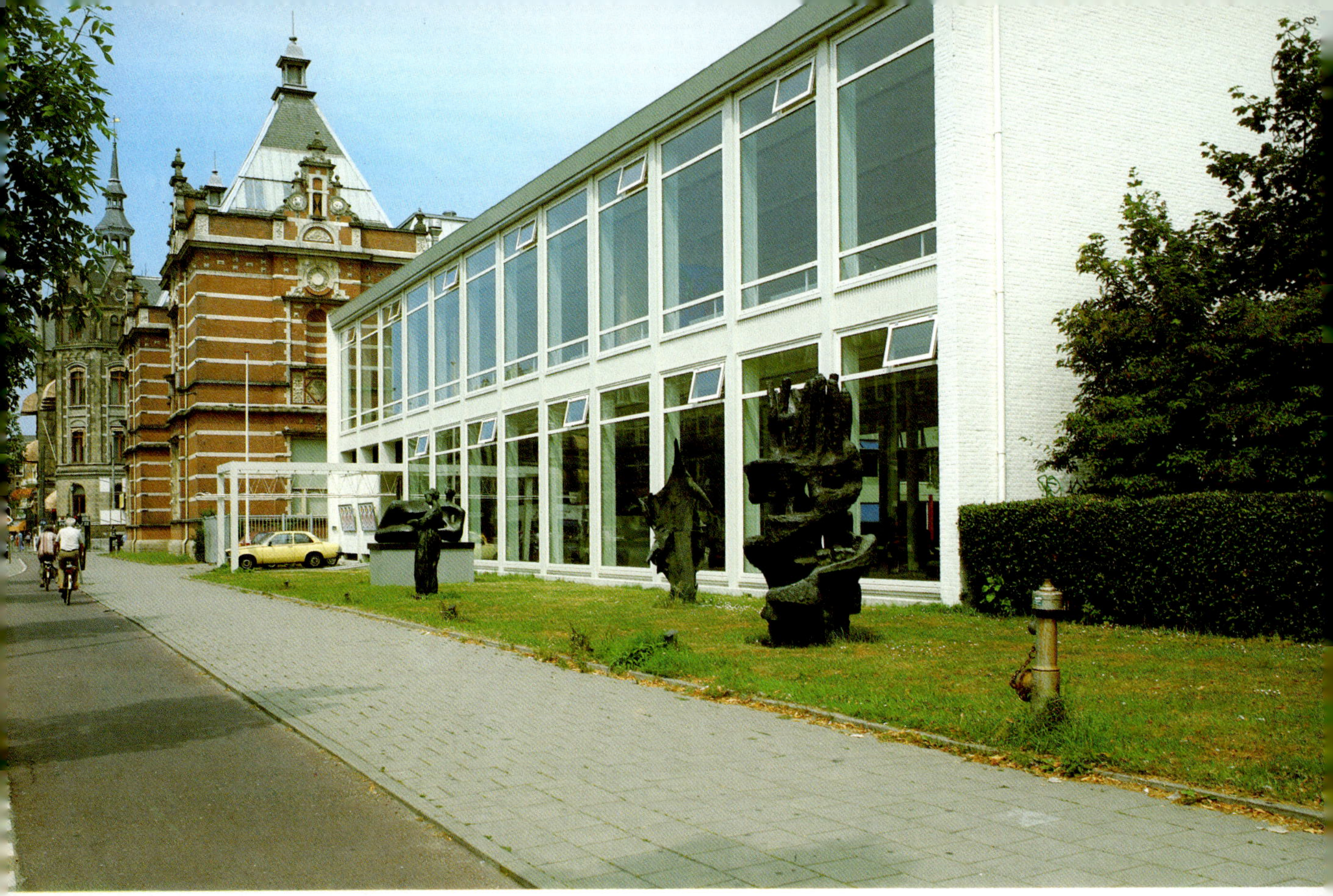

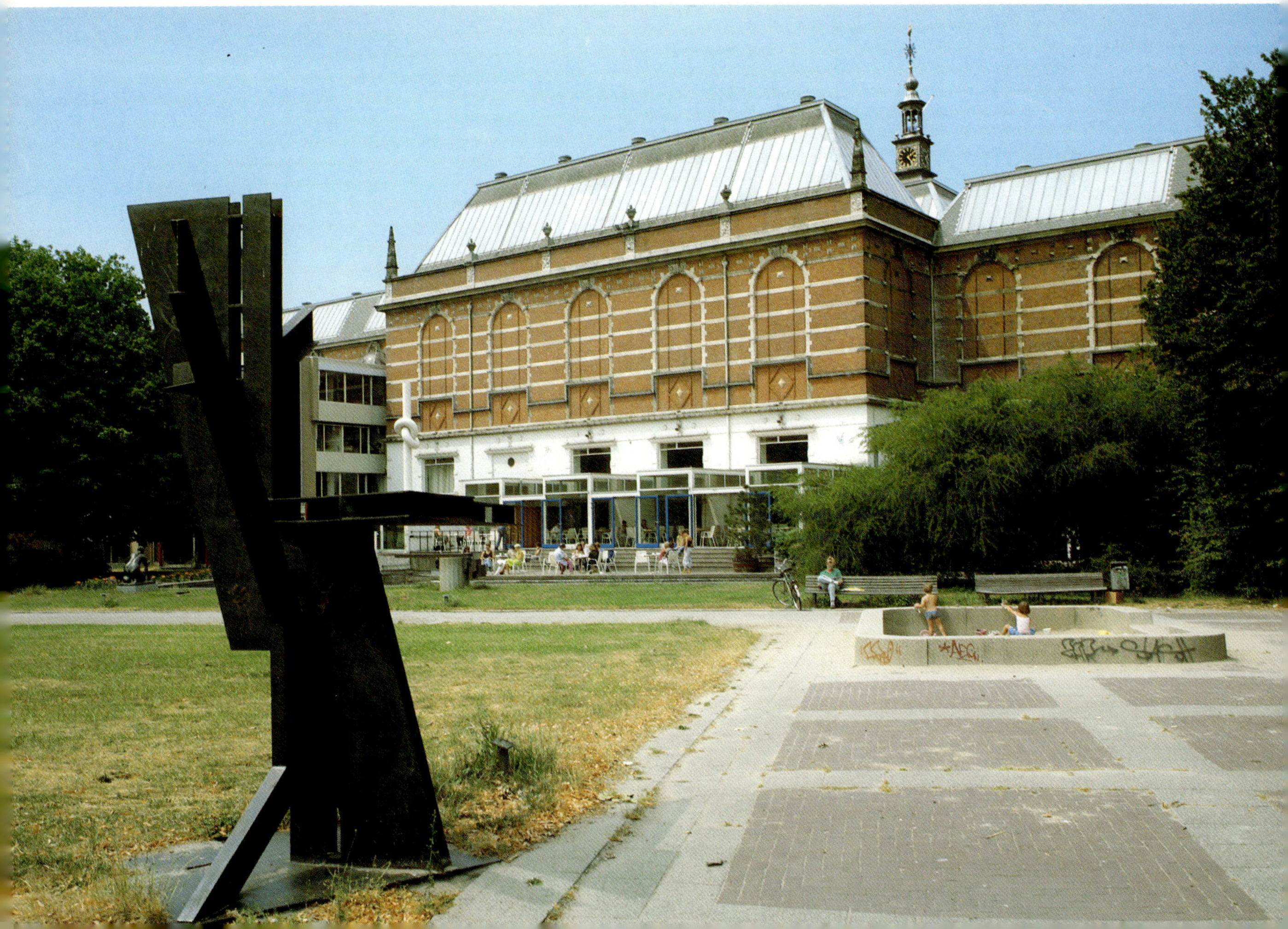

Ein Flügel des Museums an der Baerlestraat, das von Bronzeskulpturen zeitgenössicher Künstler gesäumt wird und die hintere Fassade des Gebäudes.

Die Fassade des Concertgebouw, das 1888 an der Van Baerlestraat eingeweiht wurde.

DAS CONCERTGEBOUW

Das Concertgebouw verdankt seinen Bau dem Stolz von sechs Geschäftsleuten, die von der bösen Ironie einer Zeitschrift (sie sprach den Amsterdamern jeden Kunstsinn ab, weil man mit der Kunst keine Geschäfte machen könne) genau auf den Nerv gestroffen worden waren. Das Faß vollends zum Überlaufen brachte Johannes Brahms, der, 1879 nach Amsterdam eingeladen, äußerte, daß die holländischen Musiker die schlechtesten seien.

Das war zuviel und so gingen die sechs Männer daran, das Gegenteil zu beweisen. Schon 1883 überwachten sie das Versenken der ersten der insgesamt 2186 Pfähle, auf denen das Concertgebouw schließlich ruhen sollte.

Fünf Jahre später war das Gebäude fertiggestellt, und am 3. Nov. gab das neue Nationalorchester unter der Leitung von Willem Kes sein erstes Konzert. Kes hatte die Leitung des Concertgebouw nur sieben Jahre inne, was aber ausreichte, im Holländischen Volk eine tiefe Liebe zur Musik zu verwurzeln. Sein Nachfolger, Willem Mengelberg, blieb ein halbes Jahrhundert im Amt, machte Mahler und Strauß bekannt und organisierte ein aufregendes Mahler-Festival. Das Concertgebouw entwickelte sich bald zu einem der beliebtesten Ziele für Orchester und Komponisten, auch wenn sich seine Säle nicht nur darauf beschränkten, klassischer Musik Platz zu bieten. Große Künstler, wie Louis Armstrong, Count Basie, Lionel Hampton und Frank Sinatra sind im Concertgebouw aufgetreten, das auch profane Rockkonzerte, darunter jedoch historische Auftritte, wie die Frank Zappas oder der Who, erlebt hat. Auch bot sein Konzertsaal in den Anfangsjahren Platz für die Sozialistische Internationale und für eine Meisterschaft im Kunstradfahren.

GELDERSEKADE

Wenn heute auch von dem mittelalterlichen Aussehen, das Amsterdam einst gehabt haben muß, wenig übrigblieb, so sind doch auf jeden Fall die Stadtgrenzen, die Amsterdam bis 1590 aufwies, noch gut zu erkennen. Eine dieser Grenzlinien war die sogenannte Geldersekade, ein Kanal, («kade» heißt Mole). Dort steht ein Turm, der Schreierstore («Turm der Schreie»); er bezeichnete die Stelle, wo einst der Abfahrtsplatz für alle diejenigen lag, die sich zur Erkundung und Eroberung fremder Länder einschifften. Von hier aus brach am 4. April 1609 auch Henry Hudson mit seinem Schiff «Halbmond» auf, um dann auf der Insel Manhattan zu landen.

Die Schreierstoren (1482) an der Kreuzung der Prins Hendrikkade mit der Geldersekade.

Die Häuser an der Geldersekade, mit ihren schönen, immer wieder verschiedenen Giebeln.

Der Waag, oder die öffentliche Waage; im Mittelalter war das Antoniustor in die Stadtmauer aus dem 15. Jh. integriert.

WAAG
(Sint Anthoniespoort)

Sint Anthoniespoort, der Hafen des Heiligen Antonius, ist einer der vielen Zeugen des Mittelalters, die sich noch in Amsterdam erhalten haben. Es ist der einzige Hafen der Stadt aus alter Zeit, und er bildete den östlichen Zufahrtsweg, als Amsterdam noch ringsum von Wasser umgeben war. Eine Inschrift besagt, daß der Grundstein am 28. April 1488 gelegt wurde.

Als der Kanal im Jahre 1614 zwecks Anlage eines Marktplatzes zugeschüttet wurde (dem späteren Oostermarkt) blieb der Hafen so isoliert, wie er jetzt ist.

Im Jahre 1617 wurde hier das Waaghuis, das öffentliche Eichamt eingerichtet. Es ist ein Gebäude mit fünf hübschen Türmen, und hier befanden sich auch einige Handwerkszünfte, wie Maler, Ärzte, Schmiede und Maurer, die sich im Obergeschoß ansiedelten. Das Erdgeschoß blieb bis zum Jahre 1819 öffentliches Eichamt. Jede Zunft hatte ihren eigenen Eingang, an dem sich das jeweilige Wappen befand. Noch heute kann man den herrlichen Saal der Baugewerbezunft mit Steinmetzarbeiten von Hendrick de Keyser am Eingang besichtigen, sowie das Rundtheater der Ärzte, in dem Rembrandt seinen berühmten Zyklus «Lektion in Anatomie» malte.

KLOVENIERS-BURGWAL

Der Kloveniersburgwal, einer der Kanäle im mittelalterlichen Kern der Stadt, beginnt am Nieuwmarkt und fließt später in die Amstel.
Bei der Nr. 12 des Kloveniersburgwal müssen Sie unbedingt in die Kräuterapotheke von Jacob Hooy reinschauen. Es ist einer der historischen Läden Amsterdams. Er besteht seit 1743 und Sie finden hier (in einer reizvollen Jugendstil-Atmosphäre) über 400 Heil- und Küchenkräuter zum Kauf.

Der hübsche Kräuterladen des Jacob Hooy, der auf die Mitte des 18. Jh. zurückgeht.

Ein Blick auf den Kloveniersburgwal mit dem Waag im Hintergrund.

Das Haus der Trip aus dem 17. Jh., eins der prächtigsten und bekanntesten Wohnhäuser der Stadt.

DAS TRIPPENHUIS

Es ist ein wahres Schloß mit neoklassizistischen Zügen. Das Trippenhuis wurde von einem der größten Architekten des 17. Jh., Justus Vingboons, für die Gebrüder Louis und Hendrik Trip erbaut. Diese waren als Enkel des holländischen Eisenkönigs des 17. Jh., Louis de Geer, steinreiche Kanonenfabrikanten und Besitzer schwedischer Eisenerzgruben. Sie wollten eine ihrem unermeßlichen Reichtum entsprechende Residenz, die sie sich zwischem 1660 und 1664 erbauen lie-ßen, wobei das Bauwerk die Quelle ihres Reichtums nicht verheimlicht: die *Schornsteine* des Trippenhuis haben nämlich die Form riesiger Mörser.

Auch waren die beiden recht großzügig: als einer ihrer Diener bemerkte, daß ihm für sein Glück ein Haus in der Größe des Eingangsportals des Trippenhuis schon genügen würde, ließen sie sich nicht lange lumpen. Tatsächlich steht heute gegenüber des Trippenhuis auf der anderen Seite des Kanals mit dem Haus Nr. 26 eine perfekte Kopie in Miniaturausgabe: das kleine Trippenhuis, mit dem sie ihren Diener beglückten. Auch nach dem Untergang des Wirtschaftsimperiums der Familie Trip blieb das Haus eines der wichtigsten Amsterdams: es beherbergte sogar das Rijksmuseum, als Willem I., nach der Abdankung Louis Bonapartes, dessen Verlegung aus dem Königspalast beschloß. Das Museum blieb dort solange, bis deutlich wurde, daß selbst dieses geräumige Gebäude die umfangreichen Sammlungen nicht mehr fassen konnte und Königin Wilhelma 1885 den Museumsneubau einweihte.

ALTES JÜDISCHES VIERTEL

Vom 15. Jh. an wurde Amsterdam zum einzig möglichen Zufluchtsort für Tausende von Juden, die in ganz Europa verfolgt wurden. Für sie war Amsterdam das "Mokum", die einzige Stadt, in der sie sicher leben konnten. Die ersten Juden, die sich hierher retteten, flüchteten vor der spanischen Inquisition und nannten sich Sefardim nach dem hebräischen Namen für die iberische Halbinsel. Dann, nach dem Fall Antwerpens (1585), kamen die überlebenden jüdischen Händler jener Stadt. Sie waren die ersten Diamantschleifer Amsterdams.

Moderne Häuser an der Raamgracht und der kleine Platz der Zuiderkerk.

Während des Baus der U-Bahn wurde dieses Viertel kürzlich grundlegend verändert. Der Wiederaufbau sämtlicher Gebäude in einem modernen Stil, der sich von dem übrigen Zentrum unterscheidet, hat zu einer eigentümlichen "historischen" Mischung geführt, bestehend aus der modernen Architektur und dem alten, ehrwürdigen Kanal, in dem sich die neuen Bauten widerspiegeln.

ZUIDERKERK

1603 von dem allgegenwärtigen Hendrick de Keyser erbaut, ist die Zuiderkerk (Südkirche) eine evangelische Kirche, die von einem hohen Glockenturm überragt wird, den man in den Sommermonaten besteigen kann. Die Zuiderkerk erlebt heute eine neue Glanzzeit, nachdem sie jahrzehntelang verlassen war. Zu Anfang des Jahrhunderts schmolz ihre Gemeinde nämlich immer mehr zusammen, und die Kirchenobersten beschlossen ihre Schließung. 1929 wurde in ihr der letzte Gottesdienst abgehalten. Heute, nach langen Jahren der Restaurierung, wird die Zuiderkerk zu kulturellen Zwecken genutzt.

Man erreicht die Zuiderkerk durch einen kleinen Torbogen, in den ein Totenkopf eingemauert ist und der sich zwischen der Nr. 130 und der Nr. 132 der Sint Antoniesbreestraat befindet.

Der Platz der Zuiderkerk ist ein Reibungspunkt zwischen dem Alten und dem Neuen, denn dort leben das Äußere der alten Apsis der Zuiderkerk und die modernen, eleganten Häuser in Harmonie zusammen. Bemerkenswert auch die Neigung des Platzes, wahrscheinlich durch die der Piazza del Campo in Siena angeregt.

Der Glockenturm der Zuiderkerk, den Hendrick de Keyser im frühen 17. Jh. baute.

Auf der folgenden Seite eine Ansicht der Oudeschans und die alten Warenlager am Kanal.

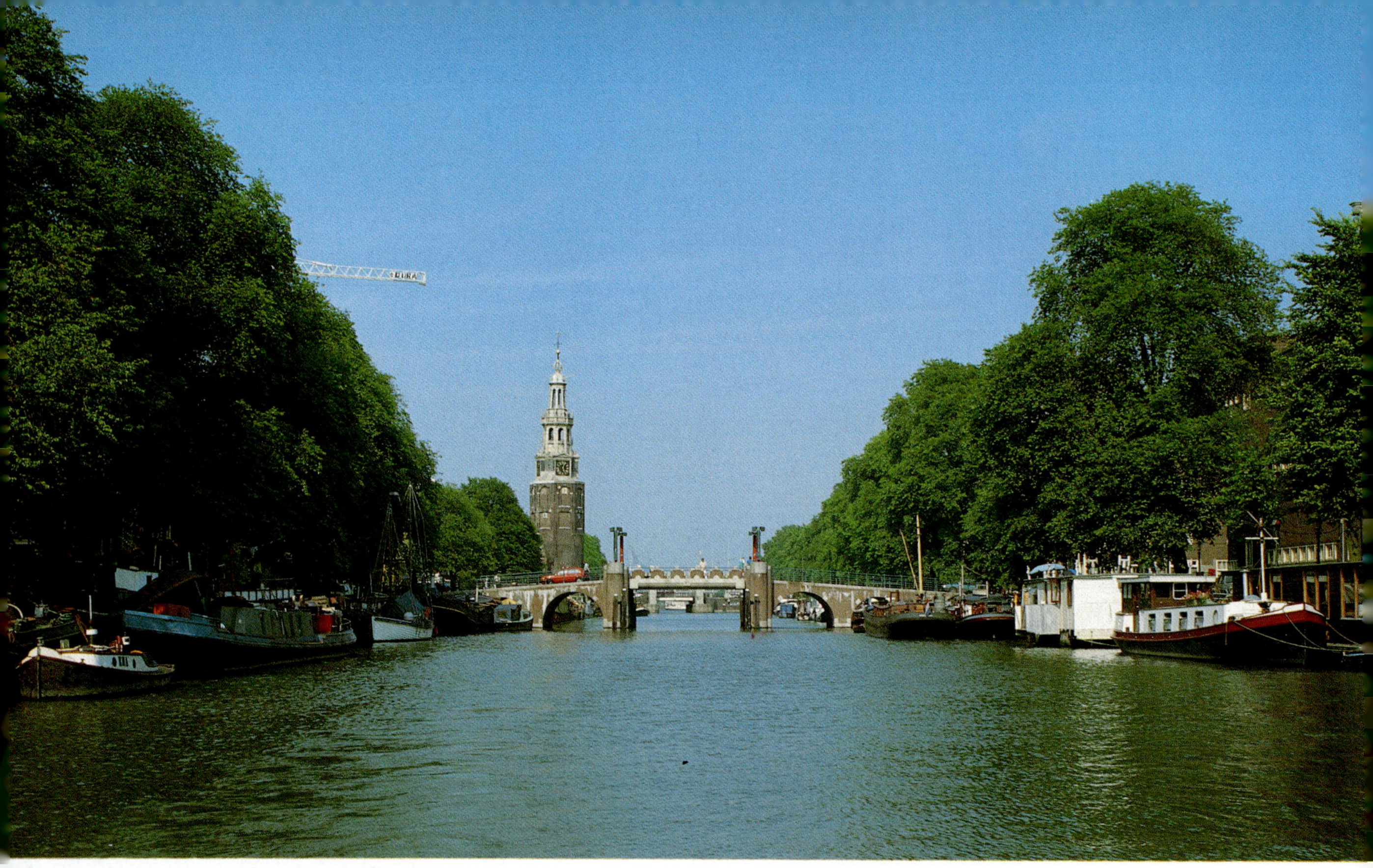

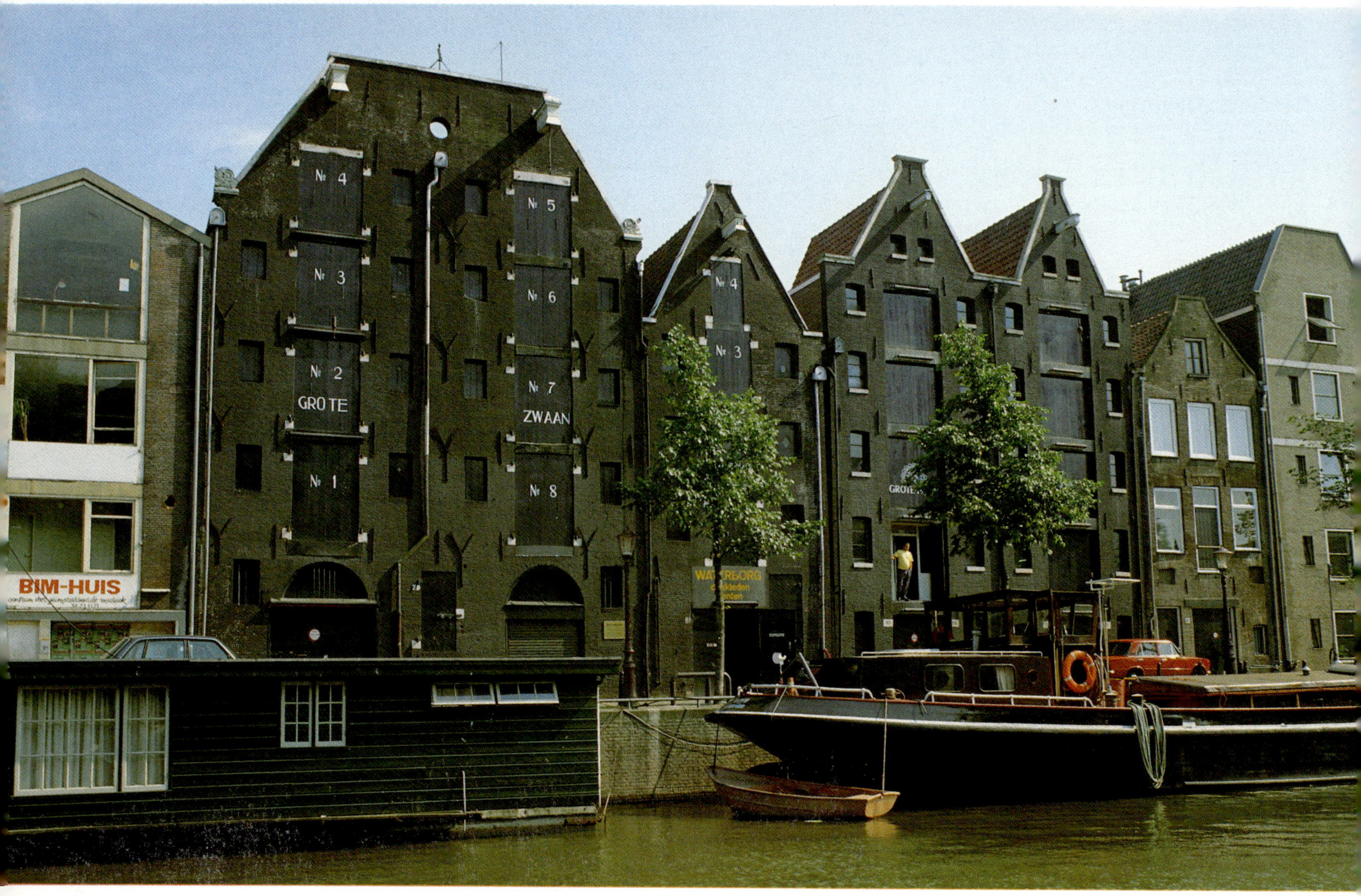
№ 4
№ 3
№ 2
GROTE
№ 1
№ 5
№ 6
№ 7
ZWAAN
№ 8
BIM-HUIS
№ 4
№ 3

OUDESCHANS

Die Oudeschans ist einer der breiten Kanäle, in die die Amstel umgeleitet wurde. Ein Höhepunkt in der Geschichte des Kanals stellten die magischen Vorführungen dar, die ein junger Engländer im Jahre 1833 hier veranstaltete und die die Kanalanwohner glauben ließen, einem wahrhaftigen Geistertanz beigewohnt zu haben. In der Nähe gelangen wir zu einer der meistfotografierten Stellen Amsterdams: das Sant Antonieshuis. Von dieser Brückenschleuse aus hat man einen herrlichen Blick, deshalb empfielt es sich hier halt zu machen und die besondere Atmosphäre der Stadt zu genießen.

MONTELBAANSTOREN

Dies ist einer der typischen Backsteintürme Amsterdams. Er wurde 1512 zu reinen Verteidigungszwecken erbaut. Er mußte den Lastage, das Hafenbecken, in dem die großen holländischen Schiffe repariert wurden, bewachen. Zu Anfang war er nur ein niedriger Wachturm, dem erst Hendrick de Keyser 1606 seine Nadelspitze aufsetzte.

Die Montelbaanstoren (1512).

Das Sint Antonieshuis, eine Schleusenbrücke über den Oudeschans.

REMBRANDT-HAUS

In diesem Haus in der Sint Anthoniesbreestraat (heute Nr. 4/6 der Joodenbreestraat) verbrachte der große Maler Rembrandt seine Jugendjahre von 1639-1658. Man kann sagen, daß er hier auch seine letzten glücklichen Jahre, nämlich an der Seite seiner Ehefrau Saskia verbrachte (die schon 1642, nur sechs monate nach der Geburt ihres Sohnes Titus starb). Hier vollendete Rembrandt im gleichen Jahr sein Meisterwerk «Die Nachtwache»; und hier sammelte er auch seine Kunstschätze, die in erster Linie dazu dienen sollten, seine riesigen Schulden zu begleichen. Aber auch diese reiche Sammlung an Kunstwerken nützte dem Maler nichts: wegen Zahlungsunfähigkeit war er gezwungen, sein Haus zu verlassen. Im Jahre 1911 wurde das Haus zu einem Museum umgestaltet, erlitt aber dann während der Zeit der Judenverfolgung schwere Schäden, da es im Herzen des Ghettos lag. Nur einige Bauten dieses Viertels blieben überhaupt erhalten, darunter das Rembrandt-Haus. Heute erinnert es uns an die Zeiten, als der große Künstler hier lebte und arbeitete.

WATERLOOPLEIN

Dieser Platz war früher häufiges Opfer von den Hochwassern der Amstel und wurde deshalb nicht regelmäßig als Marktplatz benutzt. 1883 sicherte man den Platz ab und bald wurde hier ein malerischer Flohmarkt eingerichtet, auf dem man Bücher, Kleider, jegliche Art von Gebrauchsgegenständen, bis zu Schmuck und Kurzwaren findet. Auf dem Waterlooplein finden in jüngster Zeit Umstrukturierungsarbeiten nach Plänen des Architekten Holzbauer statt, die vorsehen (entsprechend der Genehmigung der Regierung) weitere 3.000 Pfeiler auf dem Gebiet zu versenken, um so Platz für die neue Oper und das

Das Haus Rembrandts an der Sint Anthoniesbreestraat.

neue Rathaus zu schaffen. Vor allem Letzteres ist äußerst dringend, da bereits seit 1808 der Palast auf dem Dam nicht mehr ausreicht und auch der Prinsenhof nun zu klein ist. Die neue Oper ist das Ergebnis einer geradezu genialen Idee des bereits erwähnten Holzbauers, der vorschlägt, die beiden Gebäude auf demselben Platz zu errichten, in einem Gebiet, das gut zu erreichen ist und beendet so das Hin und Her über einen geeigneten Platz für die beiden Bauten. Die Oper wird durch eine abgerundete moderne Formengebung charakterisiert und außen von einer luftigen Glasfront umgeben. So spiegelt sie sich dann in den Wassern der Nieuwe Herengracht; ein kultureller Anziehungspunkt von großer Bedeutung.

Die Gebäude, die vor kurzem, am Waterlooplein entstanden: die Neue Oper und der Komplex des Rathauses.

DER FLOHMARKT

Jede europäische Großstadt hat ihren charakteristischen Flohmarkt. Auch Amsterdam zeigt hier seine alten und neuen Kuriositäten, seine einfachen und kostbaren Antiquitäten. Auf dem berühmtesten Markt Amsterdams kann man wirklich alles finden. In einem unvergleichlichen Wirrwarr und zwischen unaufhörlichem Feilschen wird man versuchen, lhnen ein nicht mehr funktionstüchtiges Grammophon, kaputte Schallplatten, abgenutzte Bücher, gebrauchte Anzüge oder beschädigtes Porzellan zu verkaufen. Aber, falls Sie Geduld und Glück haben, gelingt es lhnen vielleicht, genau den Gegenstand zu finden, den Sie seit Jahren vergeblich suchen. Aber hoffen Sie nicht zu sehr, große Geschäfte machen zu können, denn die Händler hier kennen den Wert ihrer Ware genau. Den ganzen Vormittag hindurch ist der Flohmarkt voll von Leuten, die schreien, feilschen, kaufen und sich aufreiben, nur um die Scherben einer glorreichen Vergangenheit, oder das fehlende Küchengerät, das im Geschäft noch zu teuer ist, zu erstehen.

Vier Ansichten des typischen Flohmarkt.

VISSERPLEIN

Auf diesem rechteckigen Platz befinden sich einige wichtige Gebäude. Als Erstes die Moses - und Aaron-Kirche, die den Platz im Westen abschließt; an den Seiten des Visserpleins stehen die bedeutendsten Synagogen Amsterdams.

DIE MOSES-UND-AARON-KIRCHE

Die Geschichte dieser Kirche ist äußerst ungewöhnlich. Sie stammt aus der Zeit in der, nach dem Triumph der Reformation, der katholische Glauben verfolgt wurde. Ein leidenschaftlicher und reicher Katholik namens Boelenzs erwarb von einem jüdischen Kaufmann das Moses-und-Aaron-Haus an der Ecke der Jodenbreestraat und wandelte es in eine versteckte Kapelle um, in der sich die Glaubensgenossen treffen konnten. Im Laufe der Jahrhunderte wurde die Kirche immer nehr erweitert, bis sie die heutigen Ausmaße erreichte. Geweiht wurde sie erst 1841, nachdem ihr ein belgischer Architekt die neoklassizistische Fassade mit den vier massiven Säulen, auf denen eine Christusstatue thront, geschaffen hatte. An den Seiten der Balustrade erheben sich zwei Zwillingstürme. Das Innere ist in schwerem Barockstil ausgestattet, aber in der Moses-und-Aaron-Kirche werden schon lange keine Gottesdienste mehr abgehalten. Sie ist nunmehr eine Art soziales Zentrum, in dem Yogakurse, Konzerte, Kundgebungen und Kunstgewerbemärkte veranstaltet werden.

DAS STANDBILD DES HAFENARBEITERS

Es ist ein Werk von Mari Andriessen. Seine Bedeutung geht aber über seinen künstlerischen Wert hinaus, denn mit dieser Statue wollte Amsterdam den mutigen Hafenarbeitern, die 1941 gegen die ersten Judendeportationen nach Deutschland in Streik getreten waren, ein Denkmal setzen.

DEUTSCHE SYNAGOGE

Auf der Westseite des Jonas Daniel Meijerplein (der Name eines Anwalts, der sich während der franzö-

Das Denkmal des Hafenarbeiters.

Die Moses und Aaron-Kirche.

Die Deutsche Synagoge, Sitz des jüdischen Museums.

Die Portugiesische Synagoge, die im späten 17. Jh. enstand.

sischen Besatzung unermüdlich für die Gleichstellung der jüdischen Bevölkerung engagierte) nimmt eine weitere, mächtige Synagoge eine ganze Ecke des Platzes ein. Es ist dies die Deutsche Synagoge, die seit 1987 das Jüdische Museum beherbergt. Sie ist ein wahrer Gebäudekomplex, bestehend aus zwei kleinen und zwei großen Synagogen. Mit dem Anwachsen der jüdischen Gemeinde Amsterdams wurde sie ständig erweitert: die erste Synagoge wurde 1670 errichtet die anderen baute man zwischen 1686 und 1752 an.

Seit 1955 ist die Deutsche Synagoge im Besitz der Stadt Amsterdam.

PORTUGIESISCHE SYNAGOGE

Seit der Mitte des 16. Jahrhunderts finden sich jüdische Einwohner in Holland, und insbesondere in Amsterdam; der Name dieser Synagoge erinnert daran, daß diese Juden vor allen aus Portugal stammten. Die langen und blutigen Verfolgungen, denen sie auf der Iberischen Halbinsel und besonders in Spanien ausgesetzt waren, hatten sie seit dem Beginn des 15. Jhdts. in alle Welt zerstreut. Viele von ihnen hatten ihr Überleben dadurch zu retten versucht, daß sie sich zum Katholizismus bekehrten; aber wenn sich ei-

nige von diesen Konvertierten auch zu heftigen Verfolgern ihrer eigenen Brüder verwandelt hatten, so hatte der größte Teil von ihnen heimlich doch die jüdische Tradition gewahrt: das waren die sogenannten «Marranen». In den Jahren 1481-95 veranstaltete die spanische Inquisition weitere Progrome gegen jene Unglücklichen, die eine Zeitlang Unterschlupf in Portugal gefunden hatten. Aber nachdem im Jahre 1536 die Inquisition auch in diesem Lande Einlaß gefunden hatte, waren die «Marranen» aufs neue gezwungen, zu fliehen, und sie erhielten von Karl V. die Erlaubnis, in die Niederlande überzusiedeln. Hier fanden sie, abgesehen von einem sehr kurzen Zeitraum der Verfolgung aufgrund der Inquisition, nach dem Einsetzen der Reformation und der Einigung von Utrecht, eine außergewöhnlich tolerante Aufnahme. So sagten sie sich also von dem ihnen aufgezwungenen Katholizismus los und kehrten zum Glauben ihrer Väter zurück; und ihrer Kultstätte gaben sie den Namen ihrer Herkunft.

In Amsterdam steht eine der schönsten Synagogen der Welt: das mächtige Bauwerk, dessen Südost-Fassade gegen Jerusalem gerichtet ist, wurde in den Jahren 1671-1675 von Elias Bouman errichtet. Im Jahre 9155 wurde der Bau restauriert. Die Synagoge zeigt ein barockes Äußeres. Das Innere besteht aus einem einzigen großen Raum; dieser wird von drei großen Gewölben gleicher Höhe gedeckt und von vier mächtigen Säulen mit jonischen Kapitellen getragen. Die Synagoge ragt weit über die niedrigen Häuser ringsum hinaus. Unter letzteren ein Kuriosum: die berühmte Bibliothek «Est Haim- Livrania D. Montezinos».

Es ist eine reichhaltige Sammlung von Bänden über die Geschichte der Juden. Die Texte sind vor allem in spanischer oder hebräischer Sprache verfasst.

Das Innere der Synagoge, das aus einer Halle, die mit drei Holzgewölben gedeckt ist besteht.

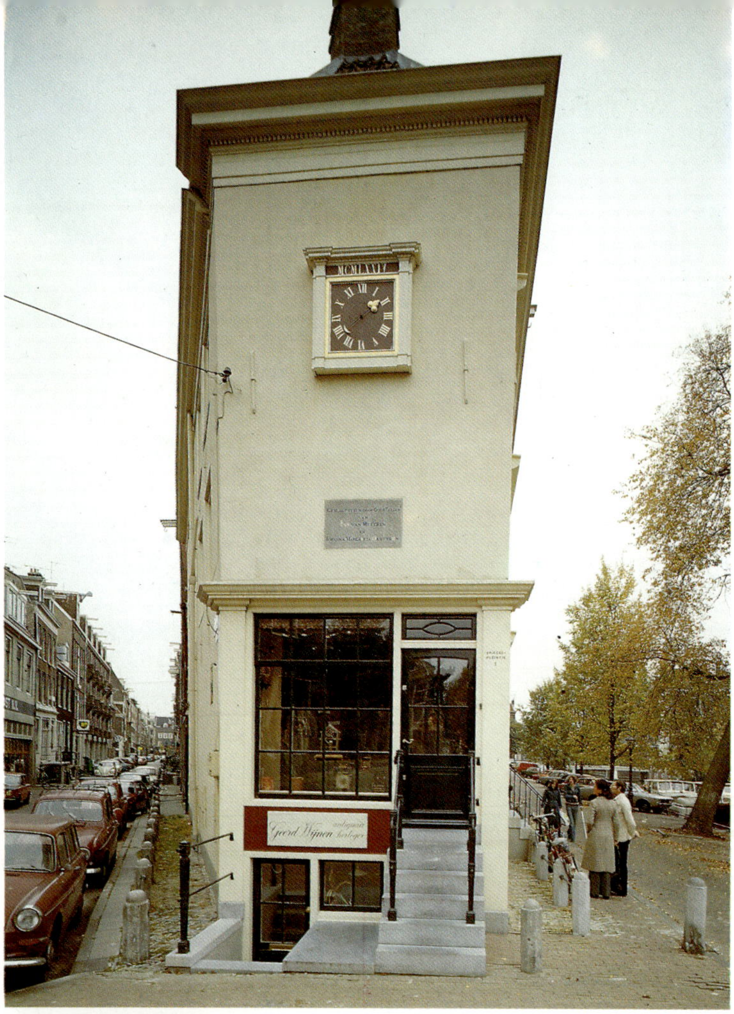
Geerd Wijnen

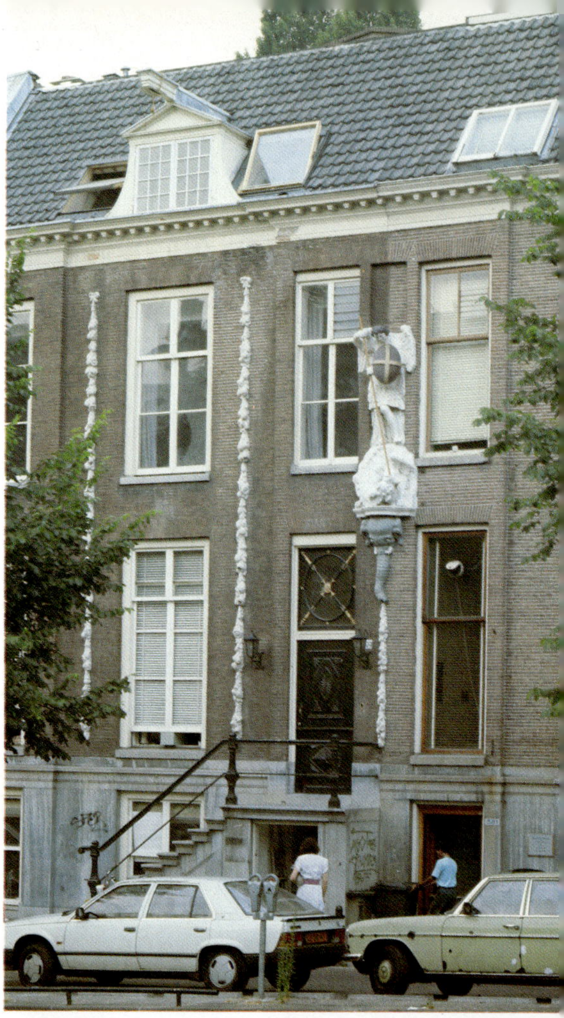

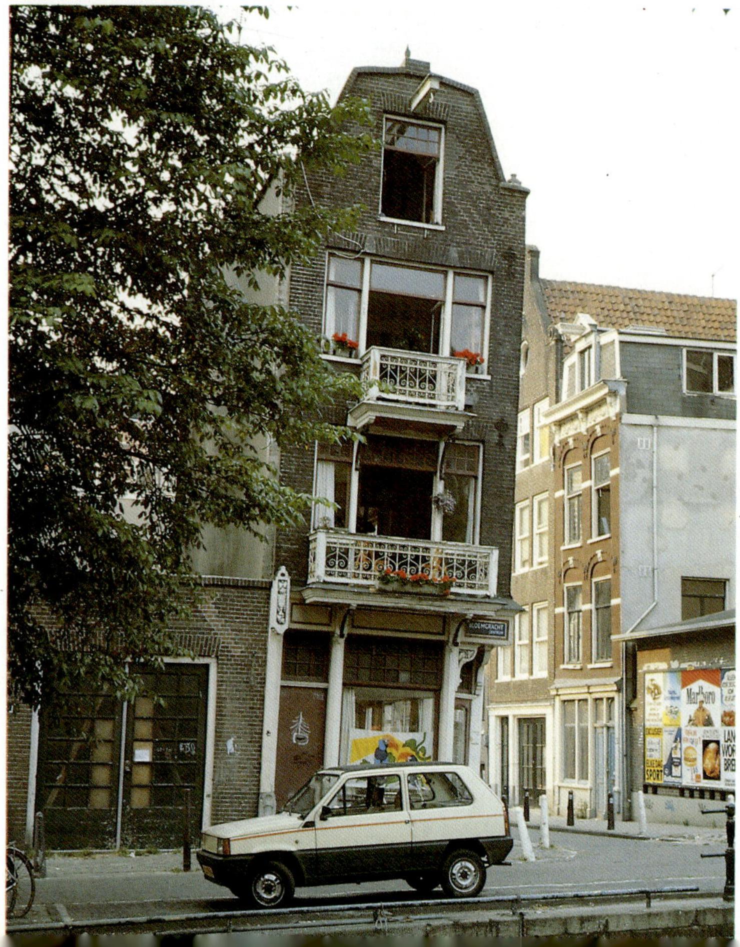
Marlboro

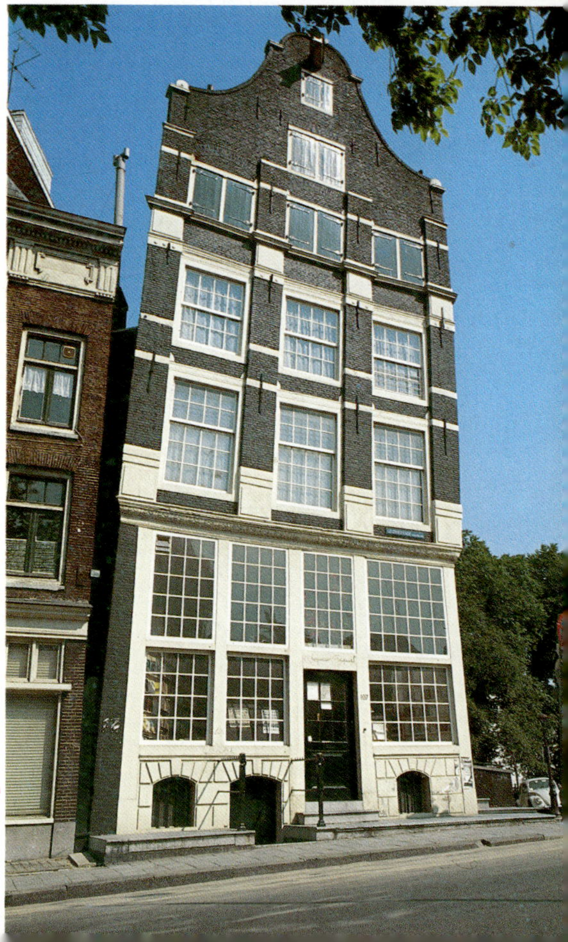

DIE HÄUSER AMSTERDAMS

Alle alten Häuser der Stadt haben charakteristische Merkmale, sei es wegen ihrer Ausmaße oder der ihnen eigenen Architektur (vor allem im Giebelfeld der Fassade, das je nach Epoche unterschiedlich gestaltet ist). Ganz oben in der Mitte des Giebels kann man außerdem sehr gut die Balken erkennen, an denen zu der Zeit, da das Obergeschoß als Warenlager diente, der Aufzug hing. Die Waren, die auf dem Wasserwege bis zum Lagerhaus gelangten, wurden dann mit einem Flaschenzug nach oben gehievt. Dieser bestand aus einem vorspringenden Balken mit einer Rolle daran und einem langen, starken Seil, das bis auf die Erde reichte. In den meisten Häusern wurde das Erdgeschoß zu einem Geschäft umgebaut; zu den schönsten und interessantesten gehören die Antiquitätenläden. Den Amsterdamern ist die Sammellei-

Auf diesen Seiten einige Beispiele der unglaublichen Phantasie, mit der die Amsterdamer ihre Giebel schmückten. Besonders sieht man an einigen Fassaden den Balken herausragen, der für den Lastenaufzug benutzt wurde.

Hübsche, farbige Haustüren mit goldenen Türknäufen, kleine Leierkästen, Puppentheater und Heringsverkäufer... auch das ist Amsterdam.

denschaft schon seit dem XVI. Jahrhundert angeboren. Alle sammelten im 16. Jahrhundert Gemälde: von den Literaten wie Marten van Papenbroeck bis zu den Malern Frans Badens und dem Bürgermeister der Stadt, J. Pz. Reael. Ein Jahrhundert später wurde auch Rembrandt zum Bildersammler. Die Einwohner Amsterdams schmückten immer schon ganz besonders geschmackvoll ihre Häuser, zum Beispiel mit den bekannten Kacheln, die zumeist mit allegorischen Motiven versehen waren; auch findet man Häuser mit Treppen - ein interessantes Beispiel ist zusätzlich noch mit einer Bank ausgestattet, als Treffpunkt für Passanten. Vor nicht allzu langer Zeit entstand das Bedürfniss, die Haustüren mit vielen kleinen Gegenständen zu verzieren, wie zum Beispiel mit unzähligen Glöckchen, die rund um die Tür angeordnet sind. Spaziert man auf der Suche nach diesen charakteristischen Häusern durch die Strassen der Stadt, trifft man häufig auf zahlreiche Aspekte der Folklore Amsterdams, wie zum Beispiel Leierkastenmänner (mit verschiedenartigen Instrumenten), Gitarrenspieler, Puppenspieler mit ihren kleinen Theatern und Heringsverkäufer. Heringe sind eine typische Zwischenmalzeit der Holländer, sie werden auf der Straße und an kleinen Buden verkauft und direkt verzehrt, dabei hält man sie am Schwanz. Eine ganz besondere Spezialität sind die frischen "neuen" Heringe mit Zwiebeln, die von Mai bis September gefangen werden.

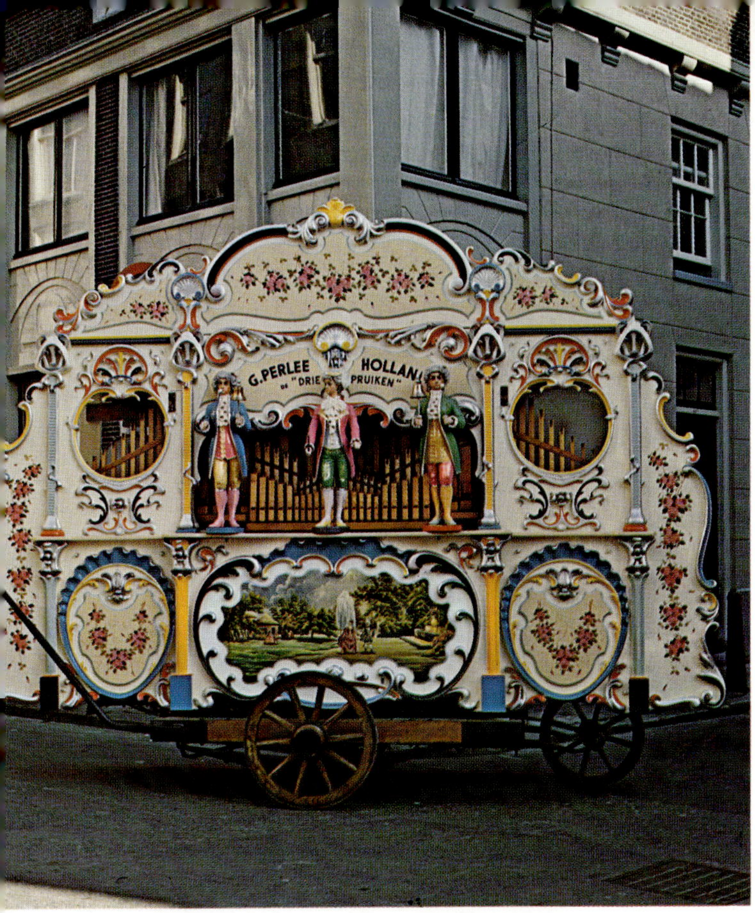
G.PERLEE

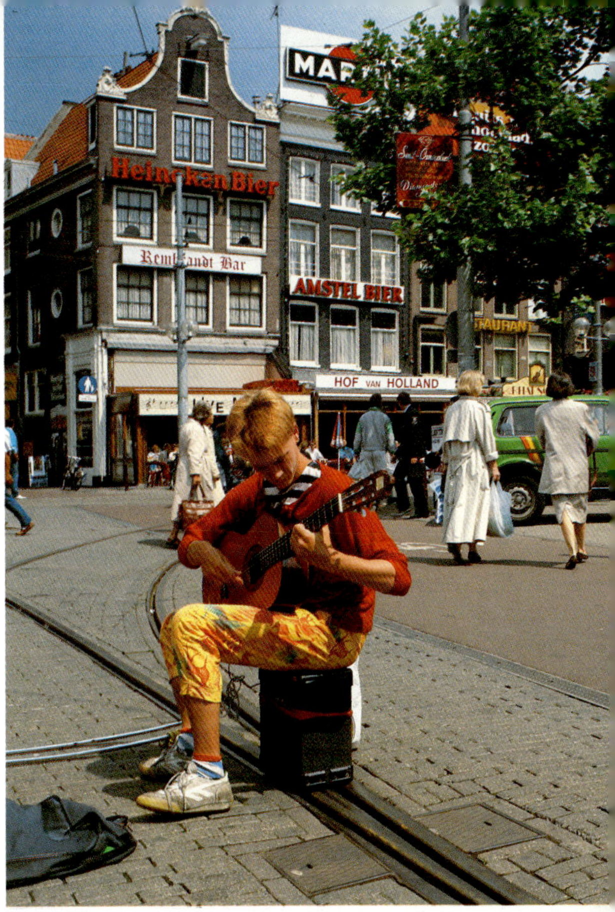
Rembrandt Bar
AMSTEL BIER
HOF VAN HOLLAND

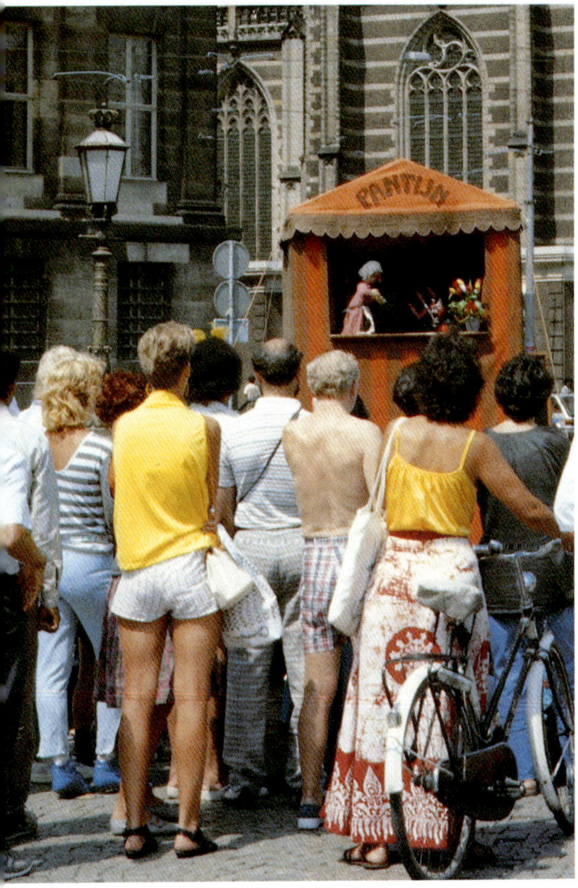

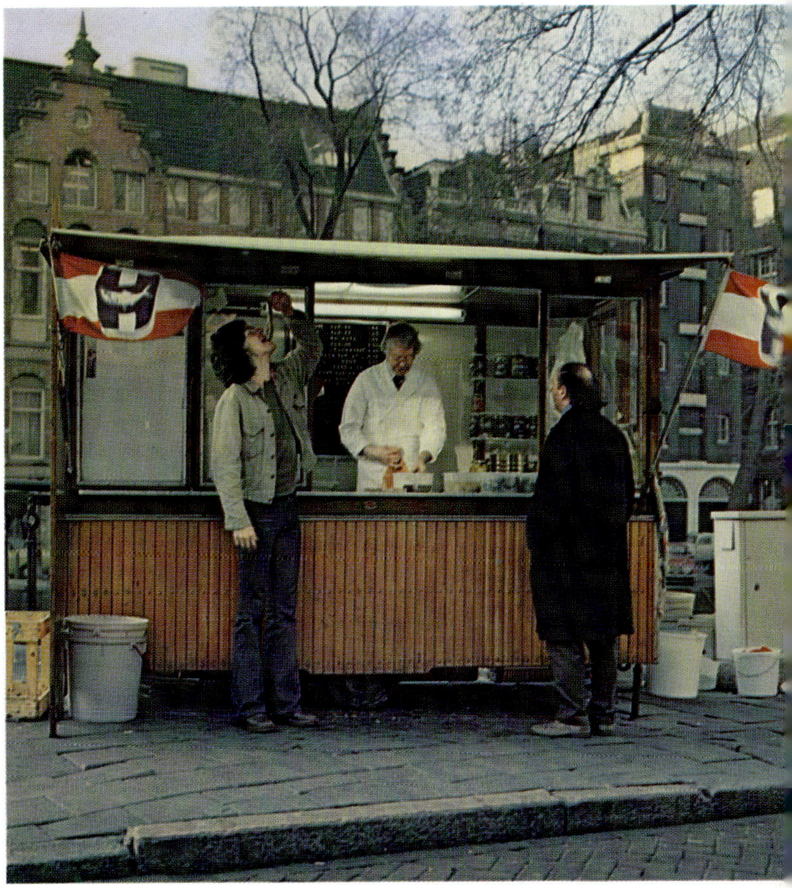

DER JORDAAN

Es ist das schönste Viertel Amsterdams, das, auch wenn es paradox klingt, zu Anfang des 16. Jh., als es errichtet wurde, übervölkert war und sich eine Baracke an die andere drängte. Hier wohnten die armen Handwerker, und der Kontrast der dichtgehäuften Hütten zu den herrlichen Barockgebäuden der umliegenden Kanäle war krass.
Dieser legendären aber traurigen Vergangenheit steht heute ein schillerndes Bohemia gegenüber: der Jordaan ist das Viertel der Mode und das unter Künstlern, Jugendlichen und Intellektuellen beliebteste. Es ist das «village» Amsterdams, das, stolz auf seine eigene Geschichte, gewachsen ist und starke Anzeichen von «Unabhängigkeit» besitzt.
Der Jordaan ist voll von kleinen Geschäften, Boutiquen, Handwerksstuben, vor allem aber ist er das Reich der «bruine cafés» Amsterdams, der berühmten, vom Tabakrauch geschwärzten Cafés. Im September füllen sich die Straßen des Jordaan wie durch ein letztes Zucken des Sommers mit buntem Leben: es steigt das Stadtteilfest. Zehn Tage lang ausgelassenes Feiern mit beleuchteten Straßen, Abendessen im Freien, Tänzen, Ausstellungen, Umzügen und einem Hangelwettbewerb über einen Kanal.

BLOEMGRACHT

Die Bloemgracht, war früher als ''Herrenkanal'' des Jordaan bekannt. Hier lebten die reichsten Handwerker, und man kann hier einige der schönsten Häuser finden. Die Spuren dieses relativen Wohlstandes sieht man heute noch. Auch ist dieser herrliche Kanal reich an Sehenswürdigkeiten: In Haus Nr. 20 ein Café nur für Schachspieler, in Nr. 38 das berühmte Geschäft von André Coppenaghen, ein wahrer Supermarkt für Glasperlen und - Murmeln. Davon werden in großen Gläsern gut 1001 verschiedene Arten ausgestellt.

EGELANTIERSGRACHT

An der Egelantiersgracht, einem weiteren reizenden Kanal, sind die Häuser von Nr. 215 bis 201 bemerkenswert; sie sind alle im selben Stil: sie gehörten derselben Familie, wie die Wappen im Giebel beweisen. Zwischen Nr. 139 und Nr. 107 steht ein Wohltätigkeitshospiz, der Sint Andrieshof.
Am Ende der Egelantiersgracht befindet sich ein kleines und berühmtes Café, De Smalle, ideales Beispiel eines "bruine café", ein Lokal, dessen Wände nunmehr vom Rauch der Kunden geschwärzt sind. Genau hier installierte Peter Hoppe (in Holland berühmt wegen seines "Jenevers", der typische holländische Gin) die ersten Brennkolben seiner Likördestillerie im Jahre 1780.

Charakteristische Häuser an der Bloemgracht (Nr. 97) und an der Egelantiersgracht (Nr. 201-215).

Eine Ansicht der Spiegelgracht mit dem Rijksmuseum im Hintergrund.

SPIEGELGRACHT

Die Spiegelgracht, die am Ende mit der Fassade des Rijksmuseums abschließt, ist ein Teil des Kanals, dessen Verlängerung die Nieuwe Spiegelstraat ist, die praktisch als Grenze zu dem charakteristischen Antiquitätenviertel fungiert. Wahrscheinlich gibt es keinen anderen Platz auf der Erde, an dem man eine so große Zusammenballung von Antiquitätengeschäften finden kann.

Die Straße ist nicht länger als 300 Meter, aber an die 100 Antiquitätenhändler haben darauf Platz gefunden und stellen ausgewählte Stücke aller Art aus, von den seltensten Spieldosen bis zu den verschiedensten Möbelstücken.

LEIDSEGRACHT

Die nach dem Jahre 1658 angelegte Leidsegracht, einer der vielen Kanäle, die in den größeren Singel fließen, bietet auf Schritt und Tritt Ausblicke. Die für Amsterdam so typischen Lastkähne und Hausboote schaukeln träge auf dem Wasser, die Äste der Bäume hängen fast in den Kanal, immer wieder entstehen neue Spiele von Licht und Schatten, und ganz in der Ferne schließen die kleinen Brücken das hübsche Bild ab.

Auf diesen Seiten einige Bilder der eindrucksvollen Leidsegracht, die in der zweiten Hälfte des 17. Jh. entstand.

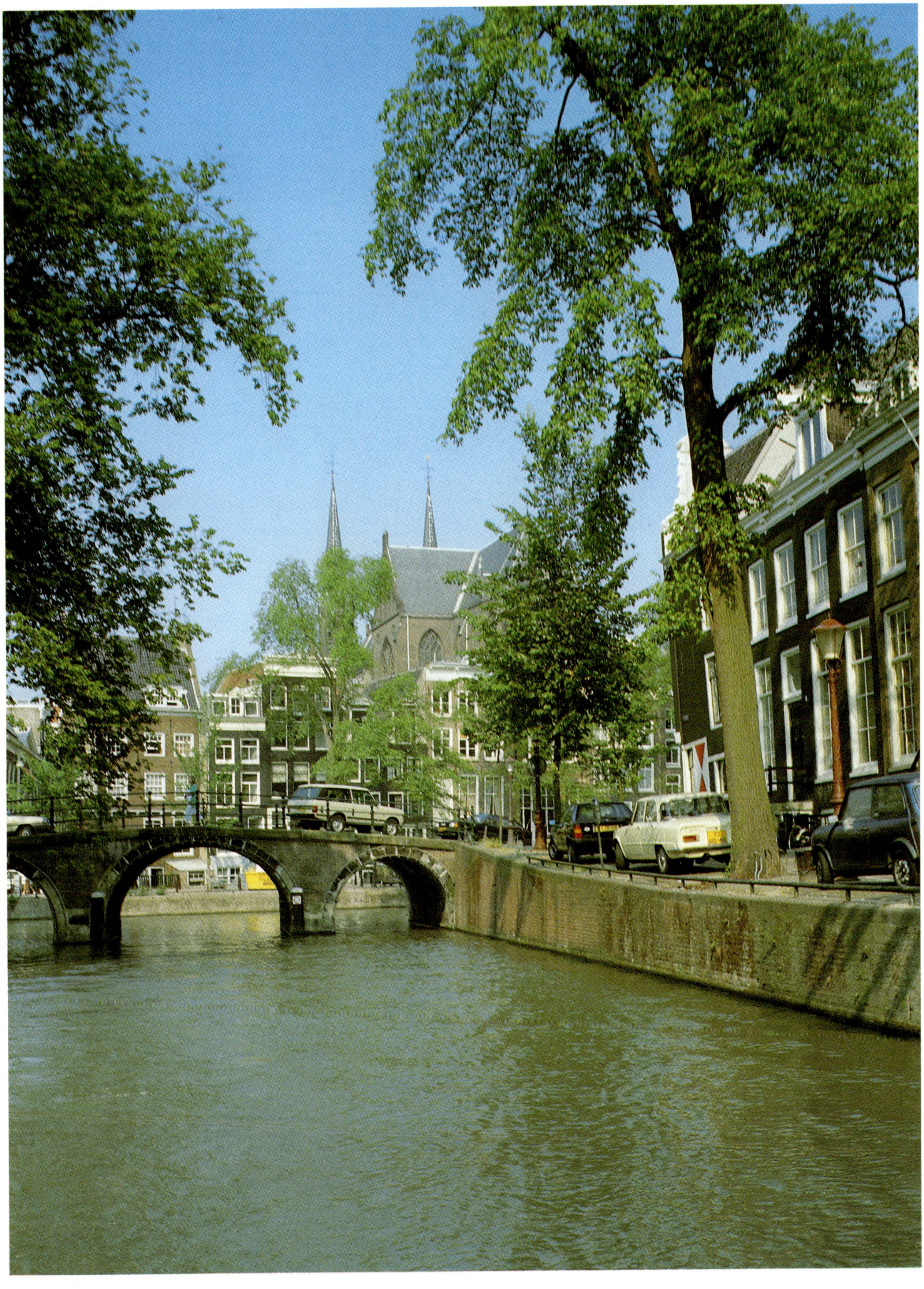

AMSTERDAM BEI NACHT

Wenn die Nacht beginnt, wird Amsterdam zu einem ganz neuen und unerwarteten Erlebnis. Vom frühen Sommer bis zum frühen Herbst werden viele Kanäle und Denkmäler mit Scheinwerfern und Lichterketten beleuchtet, die leuchtenden Straßen gleichen und sich im Wasser widerspiegeln. An der Herrengracht mit seiner Brücke, deren Bogen beleuchtet sind, erhebt sich das Gebäude, das "Zwillinge" genannt wird. An der Amstel bildet eine herrliche Reihe von schönen Häusern die Kulisse zur Magere Brug, der Zugbrücke, die sich in der Dunkelheit gut erkennen läßt, da unzählige Lämpchen ihre Formen nachzeichnen. Eindrucksvoll ist auch das Schauspiel, das der Munttoren bietet, der in die Nacht hinaufragt und dessen Linien und Bogen mit Lampen nachempfunden werden.

So zeigt sich die Stadt nach Sonnenuntergang, wenn sie von Reflektoren und Lichterketten beleuchtet wird.

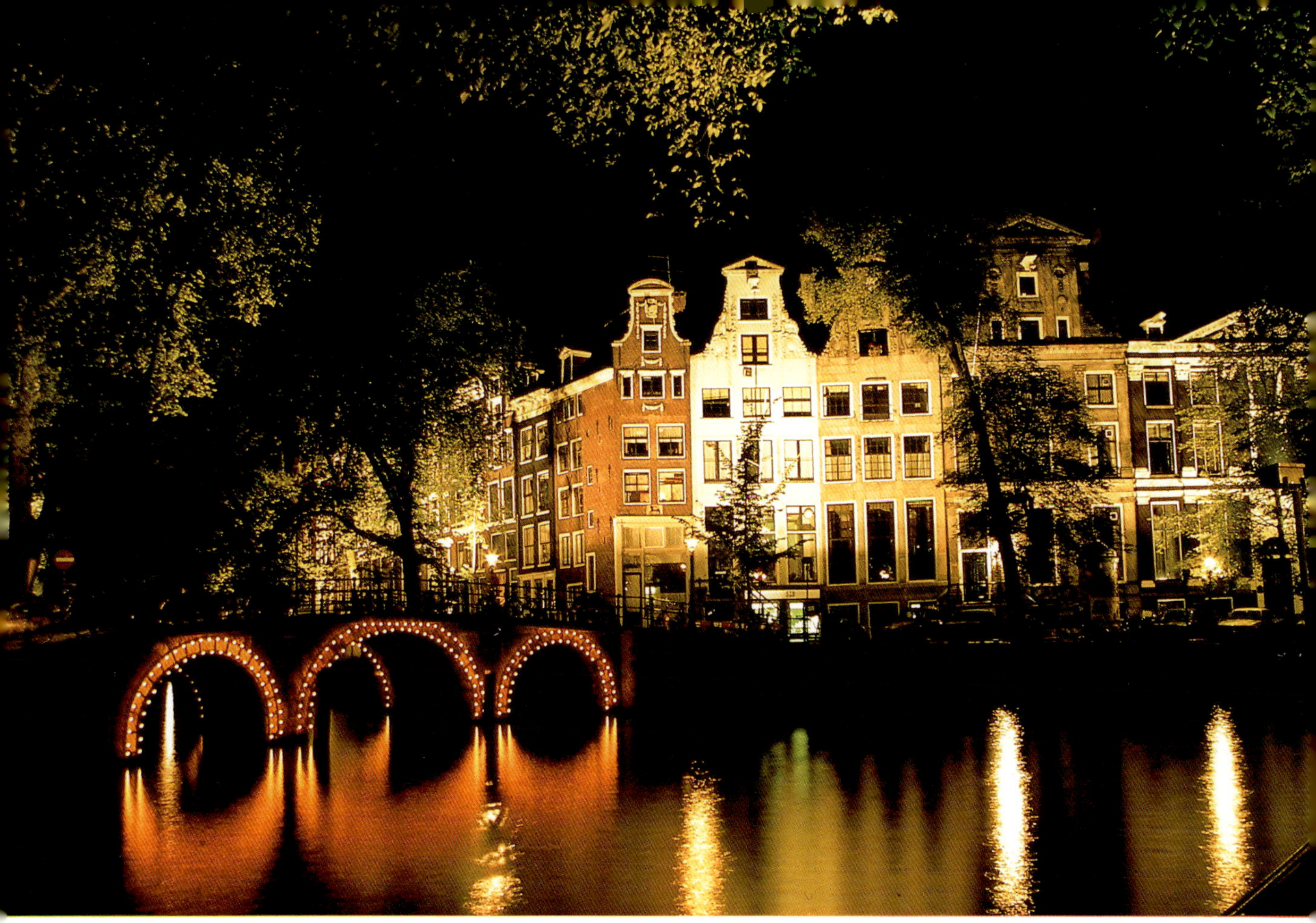

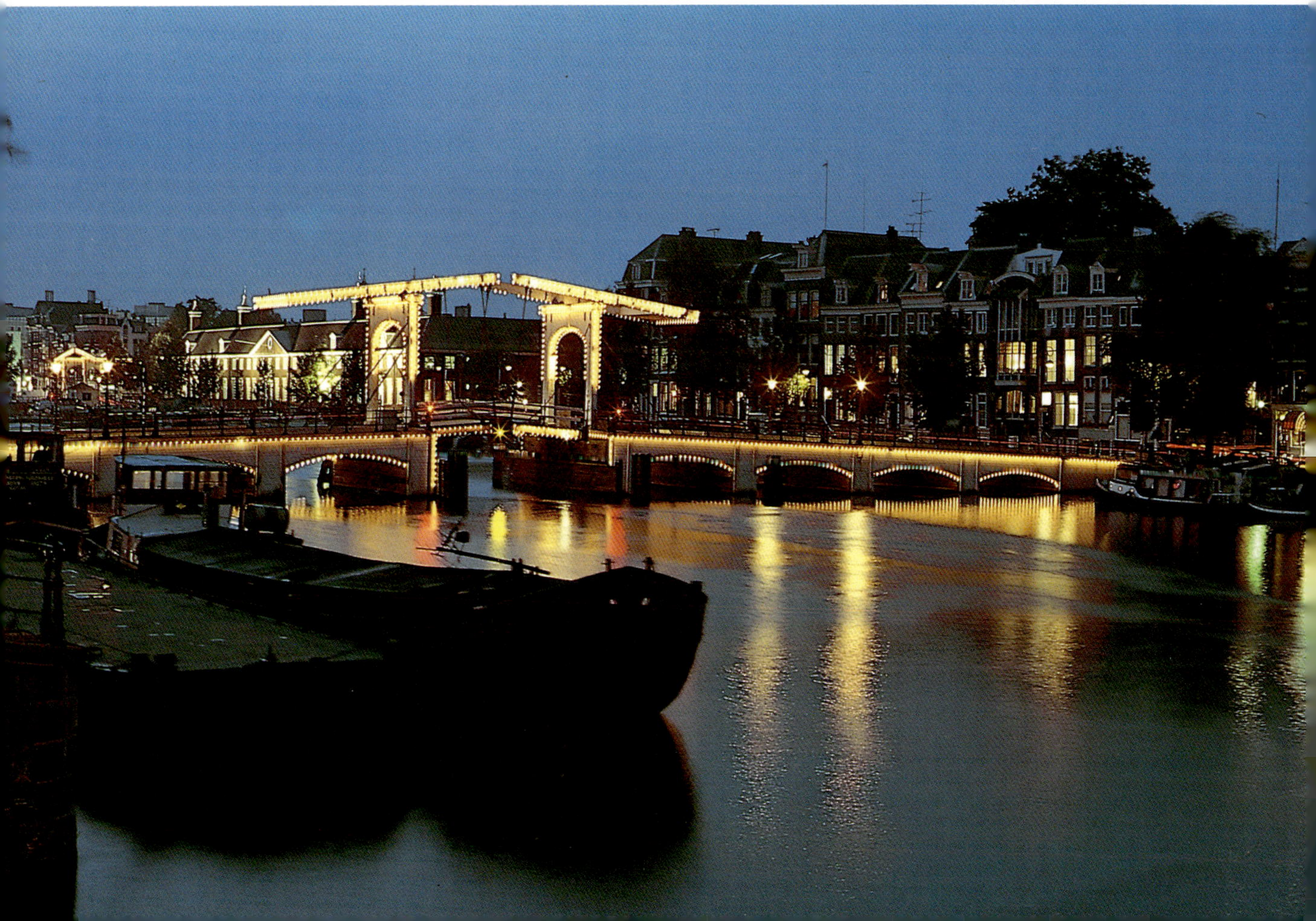

Zwei Ansichten des Thorbeckeplein; auf der ersten hebt sich die Statue des Staatsmanns Jan Rudolf Thorbecke deutlich ab.

THORBECKEPLEIN

Dieser Platz, der an den Rembrandtsplein angrenzt, ist nach dem holländischen Staatsmann des 19. Jh. Jan Rudolf Thorbecke benannt. Er war für die Verfassung von 1848 verantwortlich, die im großen und ganzen auch heute noch in Kraft ist; er war ein aktiver Gesetzesgeber und war in den Sechziger Jahren des letzten Jahrhunderts maßgeblich an der Entwicklung der Häfen von Amsterdam und Rotterdam beteiligt, indem er notwendige Kanalisierungsarbeiten vornehmen ließ.

Ein Garten am weitläufigen Rembrandtsplein.

REMBRANDTS-PLEIN

Der große Platz, durch seine zahlreichen Cafés, Restaurants und Bars eines der belebtesten Vergnügungszentren von Amsterdam, war früher unter dem Namen Botermarkt bekannt, denn hier wurden Geflügel und Milcherzeugnisse verkauft. Im Jahre 1876 stellte man hier in der Mitte ein Rembrandtdenkmal von L. Royer (es entstand 1852) auf, und so bekam der Platz seinen heutigen Namen. Der Platz führt zur Reguliersbreestraat, einer anderen "heißen" Straße Amsterdams. Diese moderne Geschäftsstraße kündigt das Homosexuellenviertel der Stadt an. Hier befinden sich die bevorzugten Treffpunkte der holländischen Homosexuellenszene aber auch der kleinste Polizeiposten der Welt, italienische Pizzerien, Fast Foods und Videospielhallen. In der parallelen Reguliersdwarsstraat trifft man hingegen auf ein völlig anderes Ambiente. Versäumen Sie in der Reguliersdwarsstraat nicht, in einem für Touristen recht ungewöhnlichen Ort vorbeizuschauen.

Ich meine ein Kino, das sich Tuschinski nennt, aber nicht allein Kino, sondern auch eine Verherrlichung des Jugendstils ist. Seit es im Jahre 1921 eingeweiht wurde, hat

REMBRANDT

PHILIPS
Compact Disc
BAVARIA
BIER
Coca-Cola
Coke
ORANJEBOOM
café

MARTINI
Verkade
biscuits wafels
chocolade
zoutjes
Heineken Bier
Rembrandt Bar
AMSTEL BIER
RESTAURANT
HOF VAN HOLLAND
LIVE MUSIC
McDonald's
LUCKY STRIKE

das Tuschinski seine Anziehungskraft nicht verloren. Es ist das Meisterwerk eines großen Theaterpioniers, des jüdischen Polen Abram Icek Tuschinski, der mit peinlicher Genauigkeit die Ausführung jedes Details dieses Kinopalastes überwacht hat. Seine Büste ist zusammen mit denen der beiden ersten Besitzer, Ehrlich und Gerschtanowitz, hinter der Theke vor einem besternten blauen Hintergrund plaziert. Tuschinski floh nicht vor den Nazis und starb 1942 in Ausschwitz, aber sein Kino-Theater ist heute noch einer der phantastischsten Säle Europas.

Die Statue Rembrandts in der Mitte des Rembrandtspleins, sie entstand 1852; sie ist von unzähligen Lokalen und Kneipen umgeben.

Der kleinste Polizeiposten der Welt an der Reguliersbreestraat.

Die Munttoren am Ende der Reguliersbreestraat.

Die Jugendstilfassade des Tuschinski-Kinos (1921).

AMSTEL

Die ersten Einwohner gründeten die Stadt Amsterdam an den Ufern der Amstel, und die Namen der Straßen, die sich in diesem ältesten Teil der Stadt finden, erinnern alle an diese erste ursprüngliche Lage. Parallel zur Amstel verlaufen beidseitig zwei große Kanäle, die allgemein «Voorburgwal» genannt werden, was frei mit «Wall vor der Stadt» zu übersetzen ist. Der ältere ist der Oudezijds Voorburgwal, der neuere der Nieuwezijds Voorburgwal. Die Amstel wird auch Binnen-Amstel genannt. Sie erscheint wunderbar ausgewogen im Lauf der Gewässer und der anliegenden Häuser.

Panoramaansichten des Kloveniersburgwals und der Amstel.

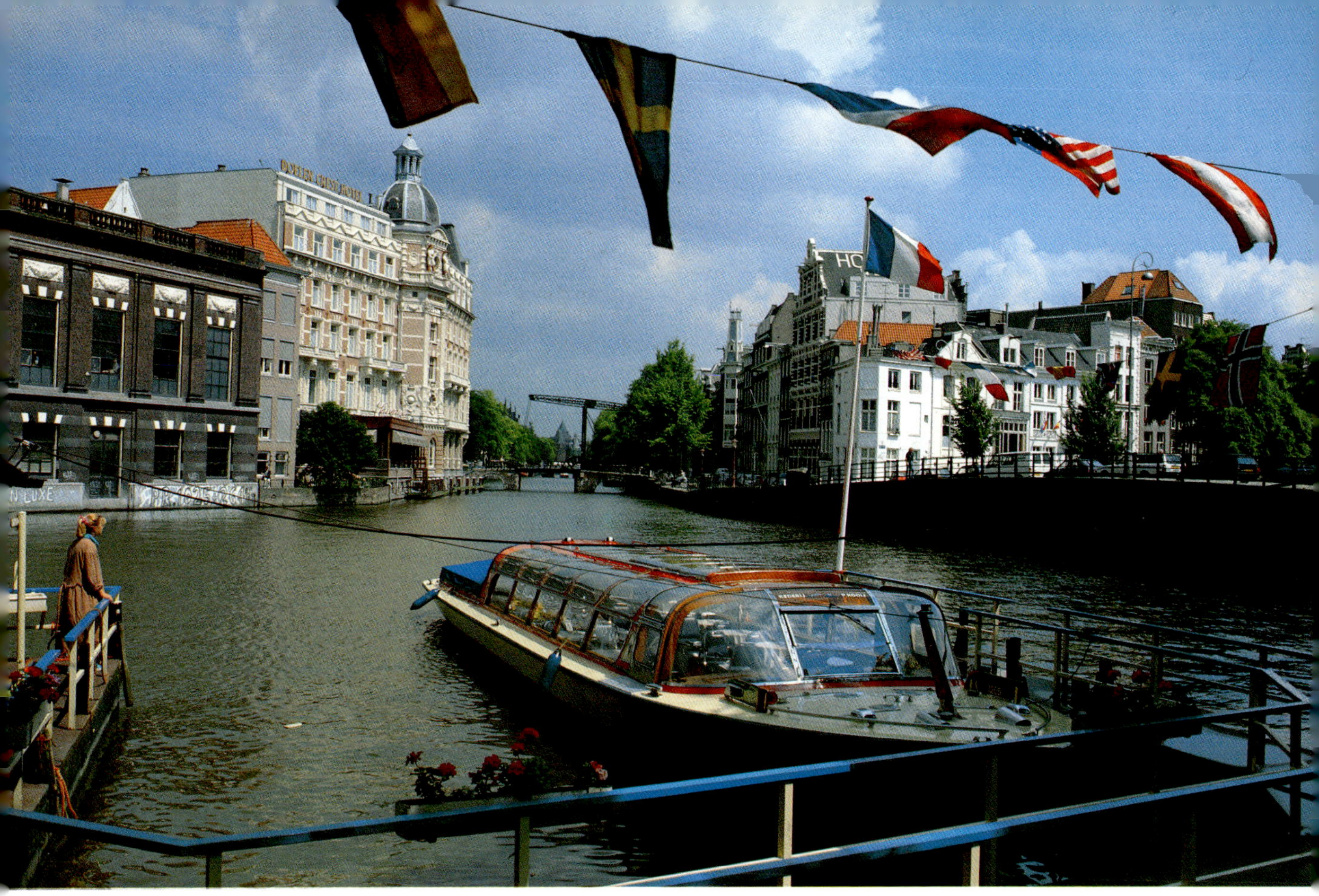

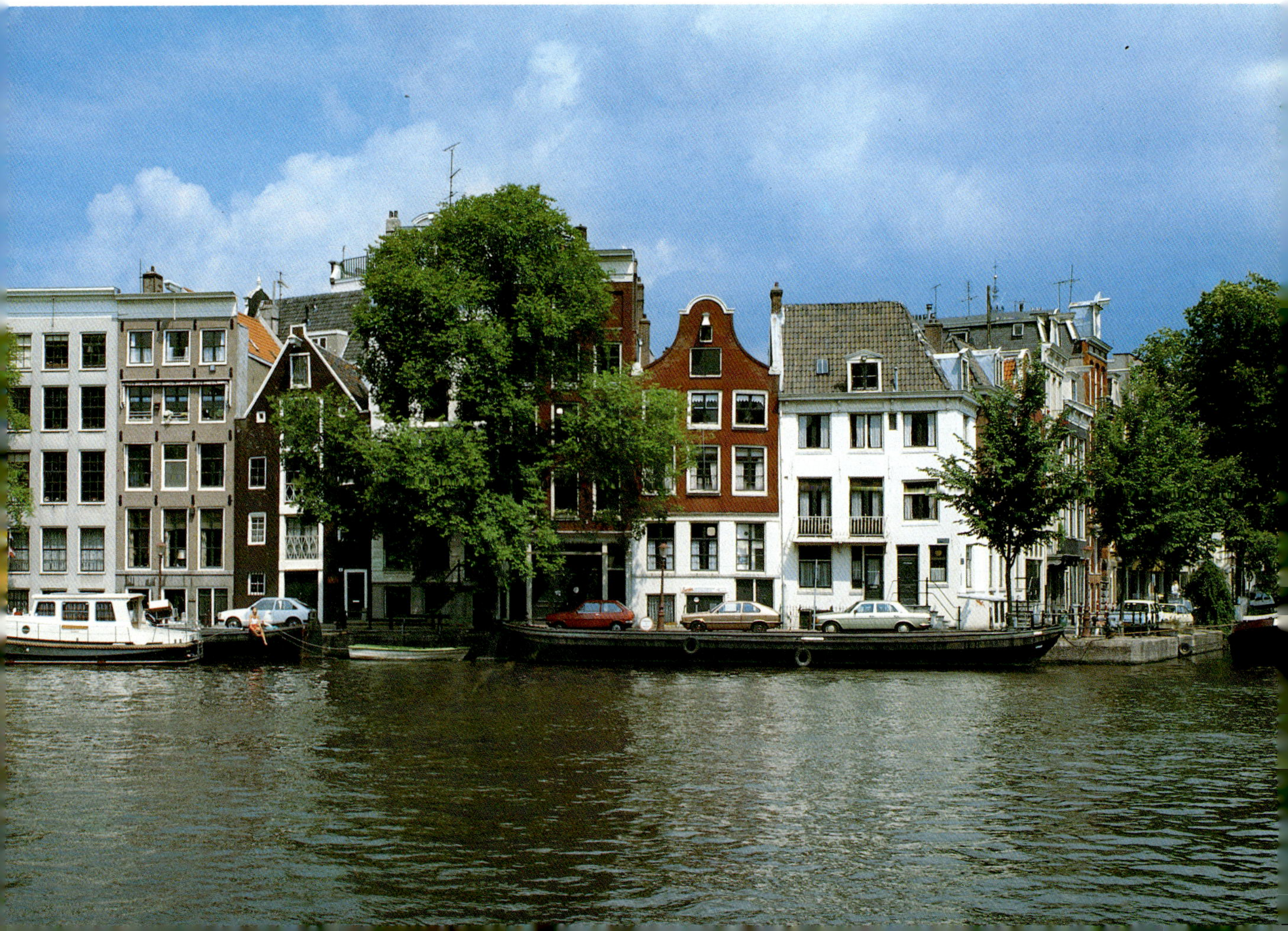

BLAUW BRUG

Die Blaue Brücke verdankt ihren Namen einer anderen, längst nicht mehr existierenden Brücke. Jene war in dem charakteristischen Blau der holländischen Flagge bemalt. Der Name blieb auch bestehen, als zwischen 1880 und 1883 die neue Brücke, die eine exakte Kopie der Pariser Alexanderbrücke ist, errichtet wurde. Die etwas eigenwillige architektonische Entscheidung löste damals heftige Diskussionen unter der Amsterdamer Bevölkerung aus, die an die übertriebenen Feinheiten der neuen Brücke, in scharfem Kontrast zu der reinen Funktionalität der anderen Brücken, nicht gewöhnt war.

Die Blauw Brug (Blaue Brücke) über die Amstel, deren Name an die Vorgängerbrücke erinnert, die im Blau der holländischen Fahne angemalt war und 1880-83 abgebrochen wurde.

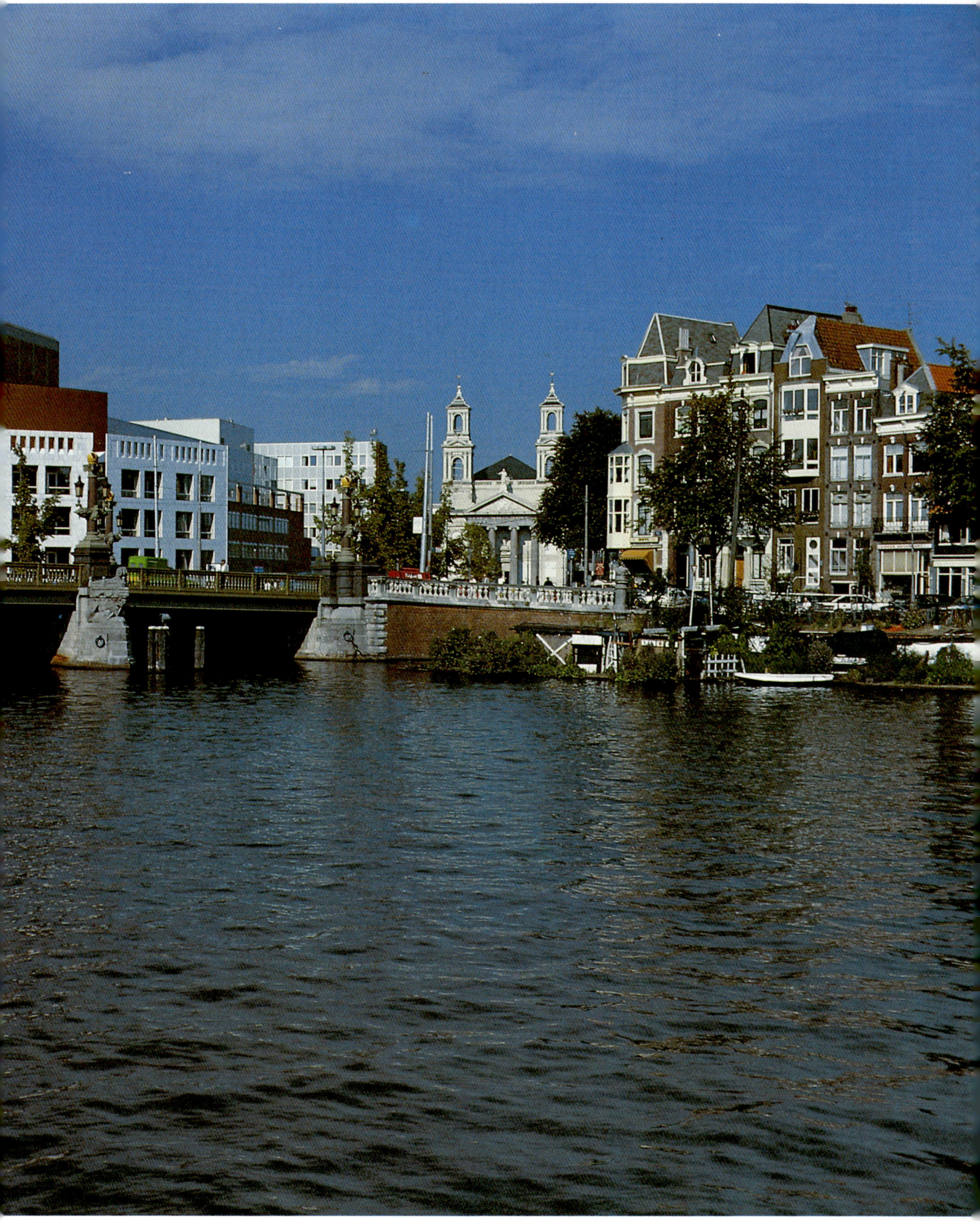

Auf diesen Seiten einige Ansichten der Amstel, die von einer charakteristischen Klappbrücke überspannt wird, da wo die Nieuwe Herengracht in die Amstel fließt.

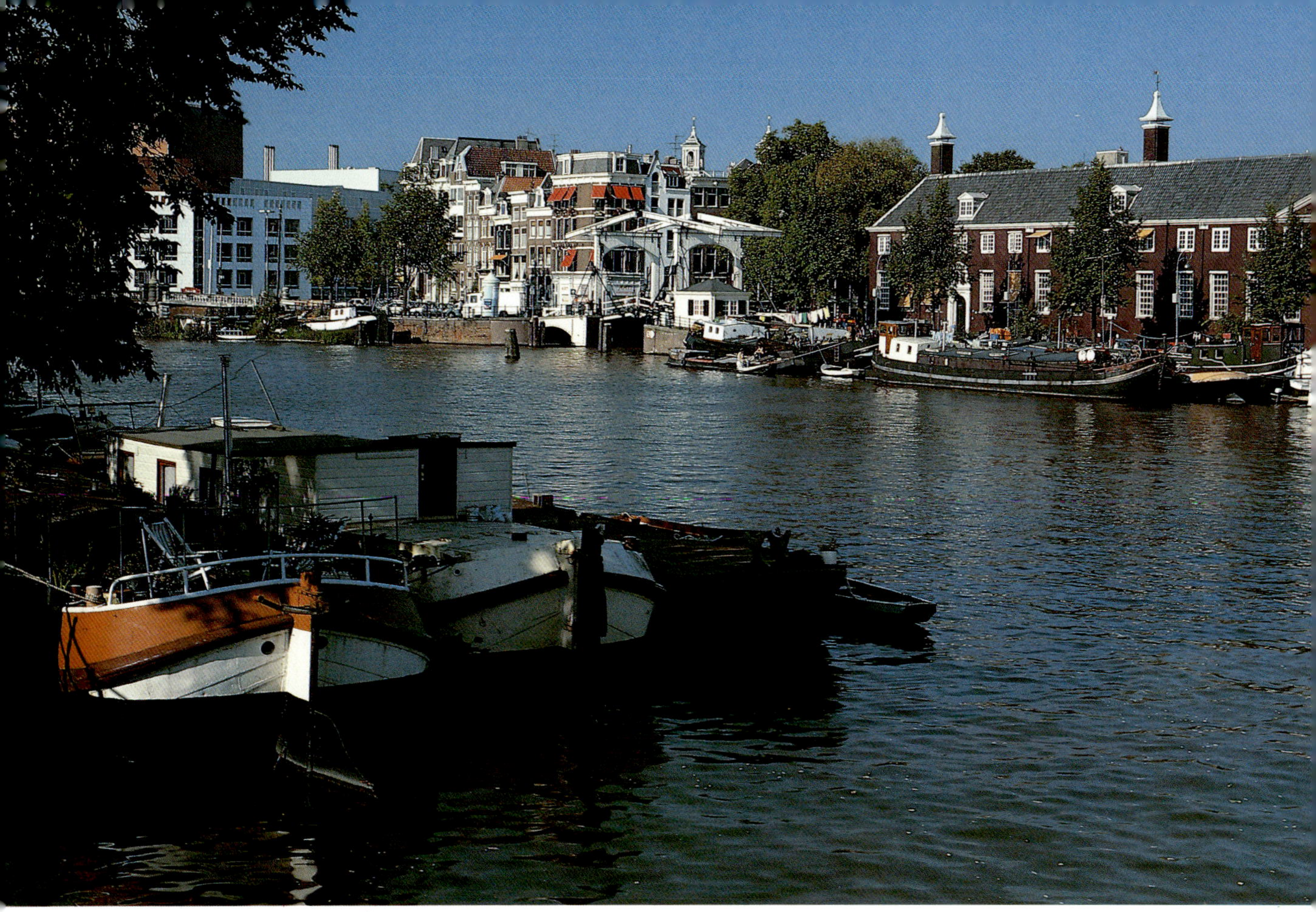

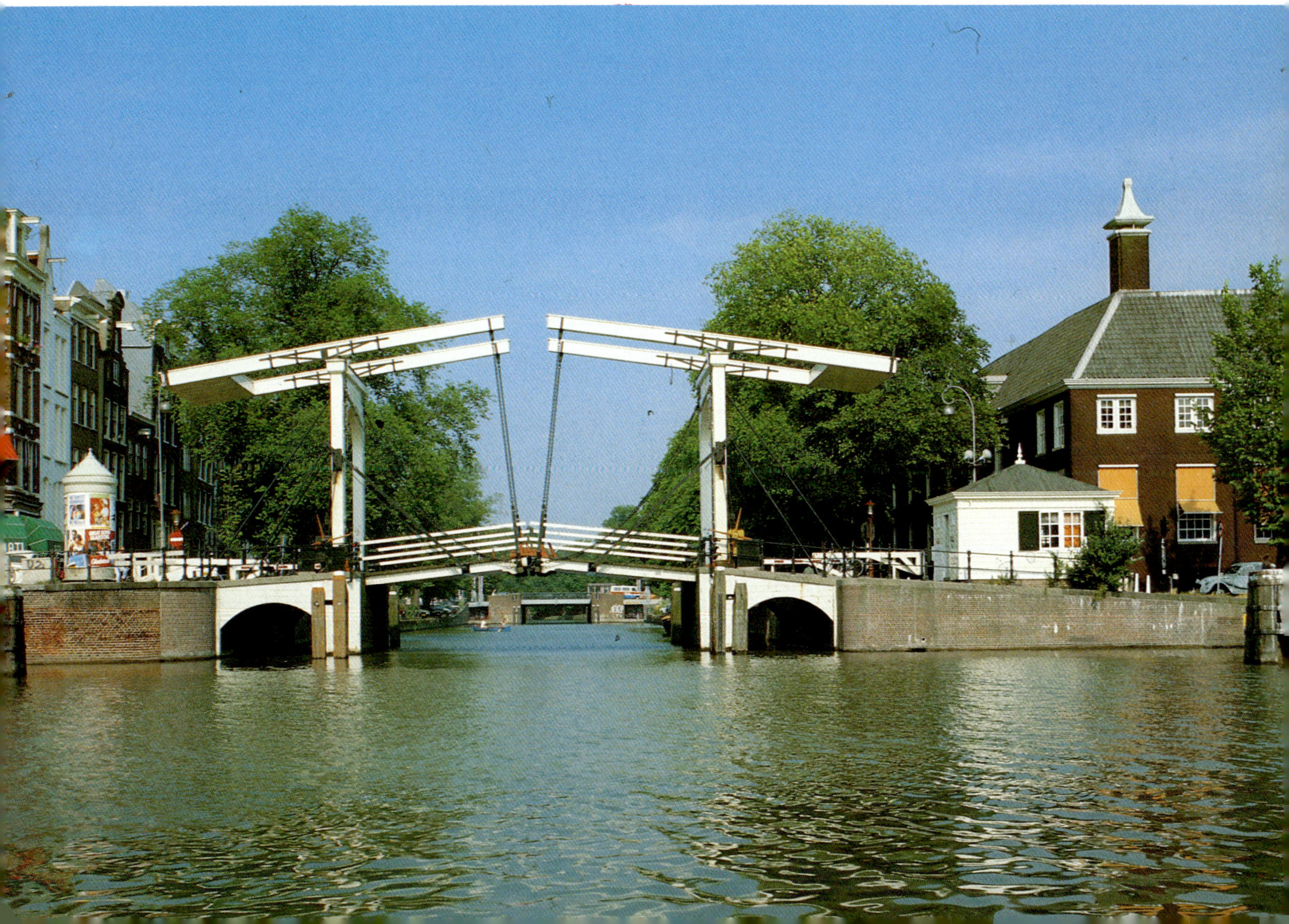

MAGERE BRUG

Die Blauwbrug hat auch einen unbequemen Nachbarn: die Magere Brug. Sie ist die meist fotografierte Brücke der Stadt und die letzte der unzähligen Holzbrücken Amsterdams, die einst seine Kanäle überquerten. Sie ist eine über 80 Meter lange Hebebrücke, die ständig in Bewegung ist, um den Lastkähnen auf der Amstel die Durchfahrt zu ermöglichen. Als sie gebaut wurde, war sie jedoch nichts weiter als eine schmale Fußgängerbrücke, die solange erweitert wurde, bis man 1772 eine doppelte Hebebrücke aus ihr machte. Ihr Name steckt voller Bedeutungen: Magere hieß der Architekt, der sie erbaute, aber das Wort spielt auch auf ihre feinen («mageren») Linien an, die ihr charakteristischstes Merkmal sind. Zu guter Letzt waren es auch zwei Schwestern, die darauf drängten, daß die Fußgängerbrücke über die Amstel gebaut werde- deren Familienname natürlich war Magere.

Die Magere Brug über die Amstel, eine hölzerne Klappbrücke, die mehr als 80 Meter lang ist.

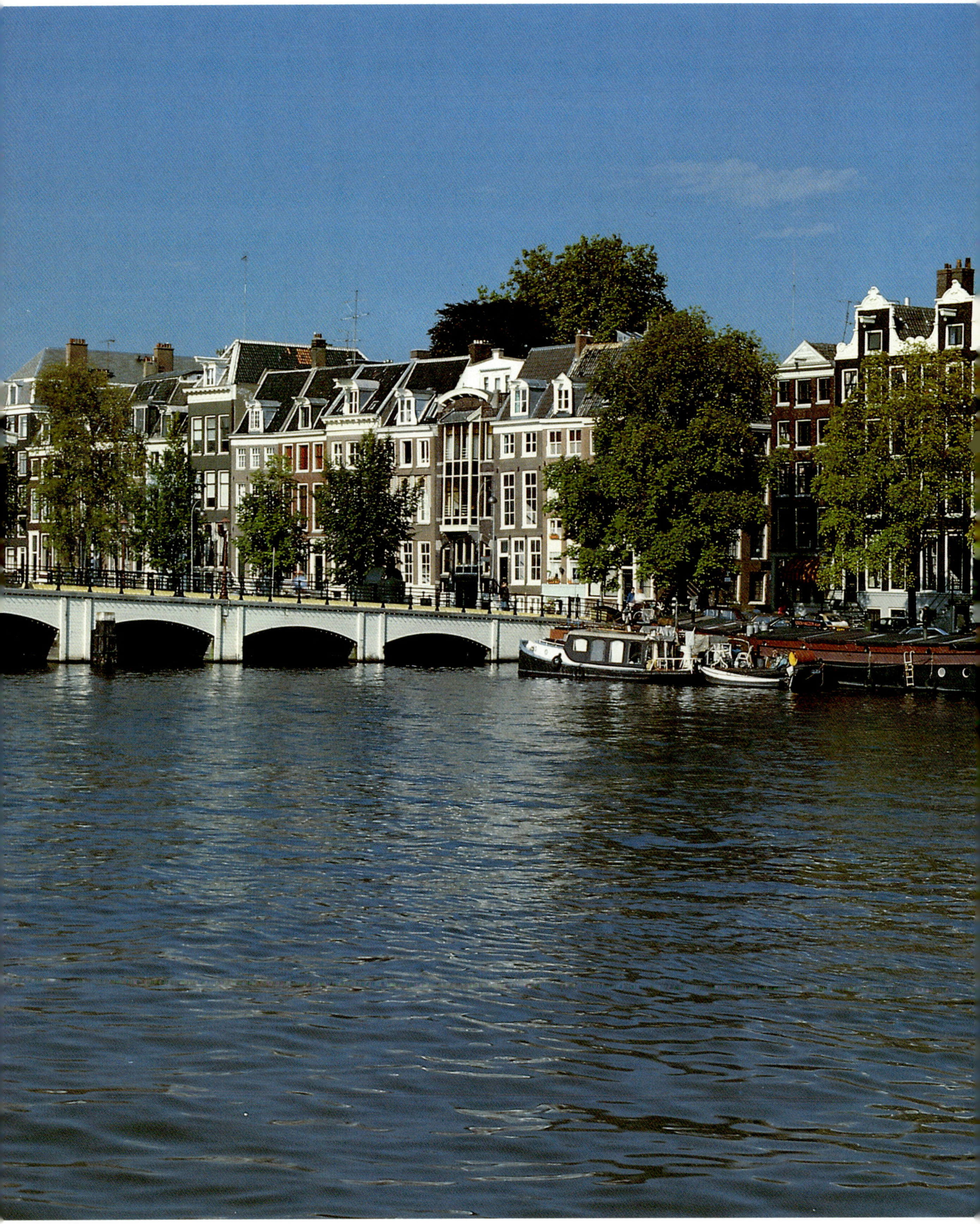

CARRÉ THEATER

Das Carré Theater wurde nach seinem Erbauer Oscar Carré benannt, der das Theater im letzten Jahrhundert im Viertel der Diamantenschleifer errichten ließ. Er gehörte einer Familie an, die wegen ihrer Zirkustradition bekannt ist und weihte das große weiße Gebäude mit dem charakteristischen abgerundeten Dach im November 1887 ein. Die Zirkusvorstellungen, die hier stattfanden, wurden nach dem Tod Carrés nicht fortgesetzt und so werden hier seit dem 20. Jh. Theaterstücke, Operetten und Opern aufgeführt.

Drei eindrucksvolle Bilder der Amstel und des großen weißen Gebäudes des Theaters Carré, das 1887 eingeweiht wurde.

WASSER-
FAHRZEUGE

Auf den Gewässern Amsterdams fahren täglich unzählige Boote: Lastkähne, Segel- und Ruderboote, Motorboote und Schiffe für Touristen auf Stadtrundfahrt, sowie Paddel- und Tretboote, die man für Erkundungsfahrten der Kanäle mieten kann.
Aber nicht alle Wasserfahrzeuge dienen dem Transport; einige davon gleichen schwimmenden Häusern, die von Leuten bewohnt werden, die gern originell und malerisch wohnen, oder die Schwierigkeiten auf der Wohnungssuche haben.

Anlegestellen an den Kanälen: vom Hausboot bis zum Tretboot.

PRINSENEILAND

In alten Zeiten, als sich der Handel in Amsterdam noch nicht so stark entwickelt hatte, benutzten die Kaufleute ihr eigenes Obergeschoß als Lagerraum. Als das dann später nicht mehr möglich war, begnügten sie sich damit, neue, stets neben dem Wohnhaus liegende Lagerräume bauen zu lassen. Aber als nach und nach die Handelsgesellschaften immer größer wurden, als sich die Handelsbeziehungen langsam auf die ganze Welt ausdehnten, von den amerikanischen Tropen bis nach Japan, kam diesen Lagerräumen eine immer größer werdende Bedeutung zu. So mußte man schließlich künstliche Inseln schaffen, auf denen nichts anderes als Lagerhäuser und Abstellräume erbaut wurden, um die große Menge von Waren unterbringen zu können - ein für die Macht und die Existenz der Stadt äußerst wichtiges Faktum. Diese Bauten auf den IJ, den Inseln, verdanken ihren Namen einem Haus, das «zu den drei Prinzen» (De Drie Prinsen) hieß, denn auf den Wänden waren die Büsten von drei Prinzen aus dem Hause Oranienburg eingemeisselt: Wilhelm I., der sogenannte Schweigsame, Prinz Moritz und Prinz Friedrich Heinrich. Der Anblick der großen Fassade mit den geschlossenen Türen der Lagerräume ist zweifellos sehr eindrucksvoll, weil er uns etwas von der Macht und Dynamik dieser Stadt vermittelt, die sie auf dem Gebiet des Handels erreicht hatte. Heute, nach dreieinhalb Jahrhunderten, können wir uns immer noch die außerordentliche Funktionalität dieser Lager vorstellen, da der größte Teil davon auch heute noch in Betrieb ist.

DER HAFEN

Amsterdam, eine der wenigen Städte in der Welt, die auf dem Wasser entstanden und immer mit dem Wasser gelebt hat, hatte natürlich einen Hafen - er gehört heute zu den größten und wichtigsten der Welt. Bis zum 17. Jh. erreichten die großen Segelschiffe der Kaufleute die Nordsee durch die breiten Arme der Zuiderzee. Die fortschreitende Versandung der Bucht erschwerte jedoch die Navigation und schließlich drohte deren endgültige Blockierung. 1818 grub man zum Schutz den Hollandkanal. Aber schon bald erwies sich auch dieses Werk als nicht ausreichend für die Bedürfnisse des großen Amsterdamer Hafens, und man plante einen direkten Kanal zwischen dem Herzen des Hafens und der Nordsee. Es war das

Die alten Warenlager der Insel Prinseneiland.

Jahr 1872, als man begann, den 18 km langen Nordseekanal zu graben, der vier Jahre später fertiggestellt wurde. Zu seiner Zeit war er eines der größten, jemals realisierten hydraulischen Bauwerke. Amsterdam kehrte damit zum Wettkampf mit Rotterdam zurück und öffnete seine Kais für den Handelsverkehr wieder. Der Amsterdamer Hafen und sein Verbindungskanal sind vor den Gezeiten geschützt: die großen Schiffe, die in Amsterdam ankommen, können daher ohne Schlepper einlaufen. Das ganze Hafenareal wurde dem Meer abgetrotzt und die Kais (Gesamtlänge 40 km) stehen auf künstlichen Inseln.

Zwei Bilder des Hafens der Stadt und das großartige Gebäude des Nederlandse Scheepvaartsmuseum, des Niederländischen Schiffahrtsmuseums.

WINDMÜHLEN

Windmühlen in Amsterdam finden zum erstenmal im Jahre 1307 Erwähnung: zu dieser Zeit hatten die Holländer schon gelernt, mit dem einfachen und rudimentären System der Mühle nicht nur so viel Land wie möglich dem Meer abzugewinnen, sondern auch Korn zu pumpen und Öl, Tabak und Kakao zu gewinnen. In einem Steuerregister für Mühlen aus dem Jahre 1765 werden rund 140 Mühlen erwähnt, von denen heute leider nur noch sehr wenige erhalten sind. Eine der bekanntesten Mühlen ist die «Rieker Mill»; ihren Namen hat sie von dem Kanal, dem «polder», an dem sie in einem Stadtrandgebiet von Amsterdam, Buitenveldert, im Jahre 1956 wider aufgestellt wurde. Die «Polder-Mühle» aus Holz ist der bekannteste Mühlentyp in Holland. Sie ist meist achteckig, manchmal aber auch sechs- oder zwölfeckig. Auf diesen gekanteten Unterbau aus Holz wird die Kappe von außen aufgesetzt, um die Flügel daran anzubringen. An der Drehkappenmühle dagegen richten sich die Flügel automatisch nach dem Gegenwind aus. Außerdem gibt es noch die Drainage-Mühle mit vertikaler Ausrichtung, die vor allem für einen gleichbleibenden Wasserspiegel geeignet ist.

Einige Windmühlen, die in den Vorstädten überlebt haben; 1765 gab es noch ganze 140.

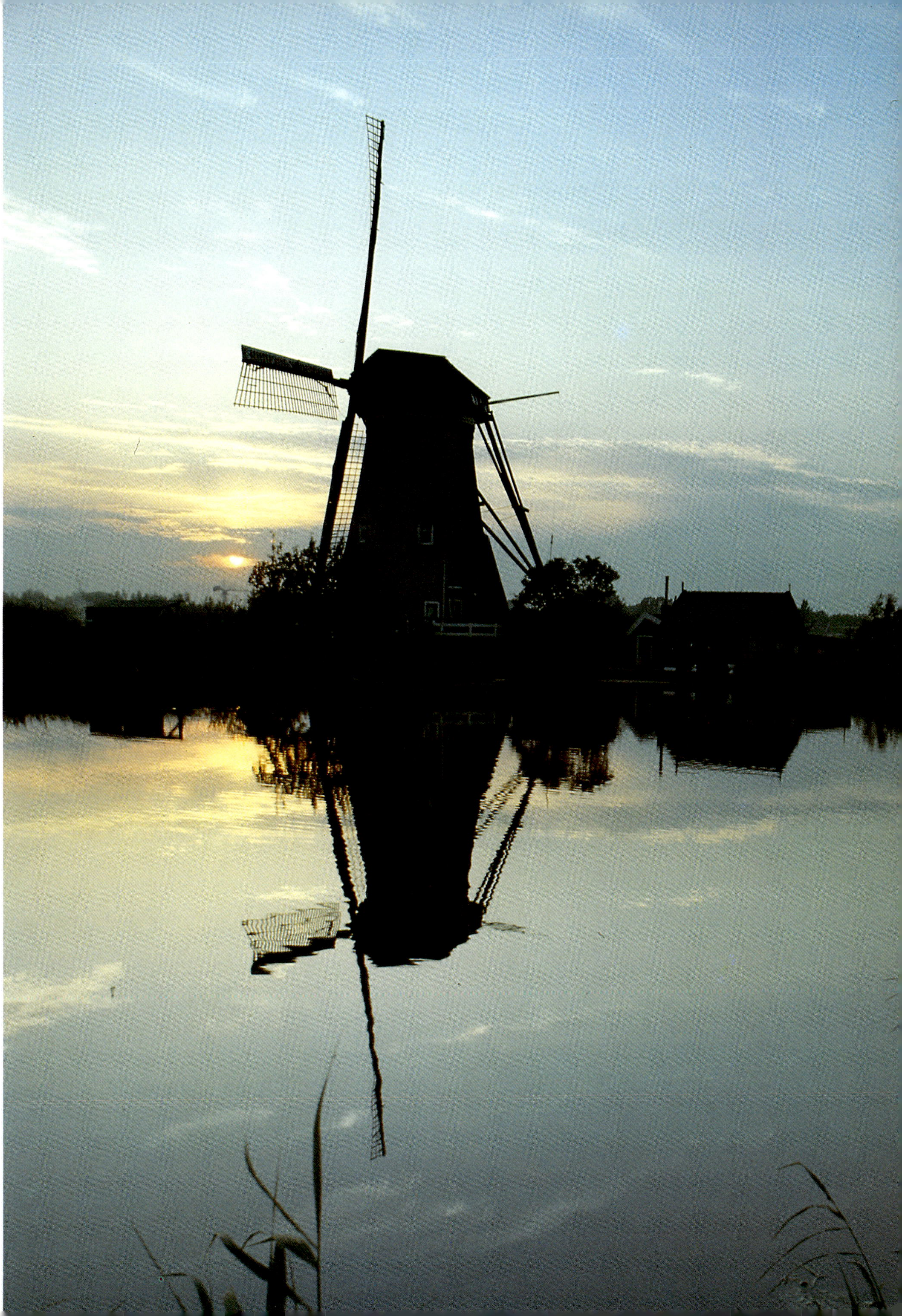

INHALT

Geschichte der Stadt Amsterdam	Seite 3
Der Dam	" 5
Das Freiheitsdenkmal	" 7
Königlicher Palast	" 8
Nieuwe Kerk	" 11
Damrak	" 12
Hauptbahnhof	" 13
Nikolaus-Kirche	" 13
Oudezijds Voorburgwal	" 15
Oude Kerk	" 15
Amstelkring Museum	" 16
Charakteristische Häuser am Oudezijds Voorburgwal	" 19
Stadsbank Van Lening	" 22
Haus der drei Kanäle	" 22
Universität	" 24
Rokin	" 26
Muntplein	" 28
Der Blumenmarkt	" 29
Der Singel	" 31
Universitätsbuchhandlung	" 31
Ronde Lutherse Kerk	" 32
Haus der Goldenen und Silbernen Spiegel	" 32
Herengracht	" 33
Charakteristische Häuser an der Herengracht	" 36
Die Keizersgracht	" 40
Charakteristische Häuser an der Keizersgracht	" 40
Amsterdam auf zwei Rädern	" 43
Die Prinsengracht	" 44
Westerkerk	" 44
Anne-Frank-Haus	" 47
Noorderkerk	" 47
Papeneiland	" 48
Indische Handelsgesellschaft	" 49
Hauptpostamt	" 50
Kalverstraat	" 50
Burgerweeshuis	" 53
Begijnhof	" 54
Spui	" 59
Leidsestraat	" 60
Leidseplein	" 63
Stadttheater und American Hotel	" 64
Singelgracht	" 66
Vondelpark	" 67
Rijksmuseum	" 69
Rembrandt van Rijn: "Die Vorsteher der Tuchmachergilde"	" 70
Rembrandt van Rijn: "Selbstporträt"	" 70
Rembrandt van Rijn: "Die Nachtwache"	" 72
Jan Vermeer van Delft: "Lesende junge Frau"	" 74
Jan Vermeer van Delft: "Die Küchenmagd"	" 75
Van Gogh Museum	" 76
"Selbstporträt"	" 79
"Kartoffelesser"	" 79
"Sonnenblumen"	" 81
"Getreidefeld mit Raben"	" 81
"Die Brücke von Langlois"	" 82
"Stilleben"	" 82
Stedelijk Museum	" 83
Das Concertgebouw	" 85
Geldersekade	" 86
Waag (Sint Anthoniespoort)	" 87
Kloveniersburgwal	" 88
Das Trippenhuis	" 89
Altes Jüdisches Viertel	" 90
Zuiderkerk	" 91
Oudeschans	" 93
Montelbaanstoren	" 93
Rembrandt-Haus	" 94
Waterlooplein	" 94
Der Flohmarkt	" 96
Visserplein	" 97
Die Moses-und-Aaron-Kirche	" 97
Das Standbild des Hafenarbeiters	" 97
Deutsche Synagoge	" 97
Portugiesische Synagoge	" 98
Die Häuser Amsterdams	" 101
Der Jordaan	" 104
Bloemgracht	" 104
Egelantiersgracht	" 104
Spiegelgracht	" 105
Leidsegracht	" 106
Amsterdam bei Nacht	" 108
Thorbeckeplein	" 110
Rembrandtsplein	" 111
Amstel	" 114
Blauw Brug	" 116
Magere Brug	" 120
Carré Theater	" 122
Wasserfahrzeuge	" 123
Prinseneiland	" 124
Der Hafen	" 124
Windmühlen	" 126